# 国际中文教学入门

孟艳丽 编著

郑州大学出版社

**图书在版编目(CIP)数据**

国际中文教学入门 / 孟艳丽编著. — 郑州 : 郑州大学出版社, 2023.2
ISBN 978-7-5645-9403-9

Ⅰ. ①国… Ⅱ. ①孟… Ⅲ. ①汉语 - 对外汉语教学 - 教学研究
Ⅳ. ①H195.3

中国国家版本馆 CIP 数据核字(2023)第 020241 号

**国际中文教学入门**
GUOJI ZHONGWEN JIAOXUE RUMEN

| | | | |
|---|---|---|---|
| 策划编辑 | 王卫疆　赵常信 | 封面设计 | 苏永生 |
| 责任编辑 | 胡佩佩 | 版式设计 | 凌　青 |
| 责任校对 | 宋妍妍 | 责任监制 | 李瑞卿 |

| | | | |
|---|---|---|---|
| 出版发行 | 郑州大学出版社 | 地　　址 | 郑州市大学路 40 号(450052) |
| 出 版 人 | 孙保营 | 网　　址 | http://www.zzup.cn |
| 经　　销 | 全国新华书店 | 发行电话 | 0371-66966070 |
| 印　　刷 | 新乡市豫北印务有限公司 | | |
| 开　　本 | 710 mm×1 010 mm　1 / 16 | | |
| 印　　张 | 14.25 | 字　　数 | 193 千字 |
| 版　　次 | 2023 年 2 月第 1 版 | 印　　次 | 2023 年 2 月第 1 次印刷 |

| | | | |
|---|---|---|---|
| 书　　号 | ISBN 978-7-5645-9403-9 | 定　　价 | 58.00 元 |

# 前言

《国际中文教学入门》是外国留学生汉语言专业对外汉语教学法课程的配套教材，主要介绍中文语言要素（语音、词汇、语法、汉字）和语言技能课（综合课、听力课、口语课、阅读课、写作课）的教学内容、教学方法以及教学中应注意的问题。本书也可作为国际中文教师尤其是新手教师的参考用书，还可以作为国际中文教育相关专业本科生、研究生的自学用书。

本书力求在以下方面有所创新：

1. 内容与方法

全书共分九章，前四章为语言要素教学，后五章为语言技能教学。每章重点内容包括两个部分：教什么和怎么教。教什么是教学内容问题，怎么教是教学方法问题。教学方法的介绍以教学内容为基础，强调教学方法与内容的联系，因为离开教学内容谈方法是毫无意义的。

2. 基础与规范

本书是国际中文教学的入门书籍，不过多介绍抽象理论，知识介绍也不面面俱到，更多关注理论和知识的基础性、普适性。尝试模拟课堂教学过程安排教学环节与步骤，尽量做到教学环节与步骤程序化、规范化，具体的教学方法与技巧融于教学环节和步骤中。这样可以提高教学的可操作性，缩短中文教学入门时间。另外，教材语言也尽量做到通俗易懂，适合学生的阅读水平。

3. 案例与研讨

本书运用了大量的案例，有的是借鉴公开出版的典型案例，有的由同事、学生所提供，有的是作者在教学实践中的积累。其中既有成功的案例，也有失败的案例。这些案例一方面能帮助学生更好地理解、掌握中文教学的内容和方法，另一方面也为教师组织研讨提供资料。本书各章都编写了“案例学习与研讨”部分，教师可以利用这部分材料组织课堂讨论，引导学生学习优秀案例。“思考与讨论”部分也选编了部分案例，教师要提醒学生认真阅读，尤其是对失败的案例要多加思考，发现问题，找出问题产生的原因，并给出自己的建议。

本书是战略支援部队信息工程大学精品教材项目的结项成果，感谢学校对本书出版的资助！郑州大学出版社的胡佩佩等编辑在本书出版过程中花费了大量的时间和精力，感谢他们的辛勤付出！

最后，欢迎本书的使用者多提宝贵意见！

孟艳丽

2022 年 5 月 2 日

# 目录

# 第一章

# 中文语音怎么教

在语言交流中，语音是听者最先感知到的。一个人发音好不好、标准不标准、地道不地道，一听便知。如何避免“洋腔洋调”“南腔北调”，说得一口地道的普通话，这不仅是学习中文的学生应该注意的问题，同时也是中文教师面临的重要的教学工作。那么，对于中文教师来说，怎么教好语音呢？

## 一、语音教学的内容

系统教学语音是初级阶段前期的首要任务。在零起点的中文教学中，一般会安排 2 ~4 周的语音教学，使学生掌握必要的语音知识和发音技巧，这段时间被称为语音阶段。语音阶段教学的主要内容包括声母、韵母、声调、音节、变调、轻声、儿化等。

### （一）声母

声母是指音节开头的辅音。普通话一共有 21 个辅音声母，根据发音部位从前至后可分为 6 组：唇音、舌尖前音、舌尖中音、舌尖后音、舌面音、舌根音（见表 1–1）。其中舌尖前音、舌尖后音、舌面音是学习难点，除此以外，清音、浊音，送气音、不送气音也是学习难点。

表 1-1　声母

| | | | | |
|---|---|---|---|---|
| 唇音 | b | p | m | f |
| 舌尖前音 | z | c | s | |
| 舌尖中音 | d | t | n | l |
| 舌尖后音 | zh | ch | sh | r |
| 舌面音 | j | q | x | |
| 舌根音 | g | k | h | |

### (二)韵母

韵母是指音节声母后边的部分。普通话包括 6 个单韵母①,13 个复韵母、16 个鼻韵母(见表 1-2)。韵母中 ü 和 e 是学习难点。

表 1-2　韵母

| | |
|---|---|
| 单韵母 | a　o　e　i　u　ü |
| 复韵母 | ao　ai　ou　ei　ia　ie　ua　uo　üe<br>iao　iou(iu)　uai　uei(ui) |
| 鼻韵母 | an　en　in　uen(un)　ün　ian　uan　üan<br>ang　eng　ing　ong　iang　uang　ueng　iong |

### (三)声调

声调是指音节高低升降的变化。普通话的基本声调有四个,分

① 除了表 1-2 所列的 6 个单韵母外,普通话还有 4 个其他的单韵母,但因为它们均具有特殊性,此处不列出。

别是第一声、第二声、第三声和第四声(如图1-1)。四个声调都是学习难点。

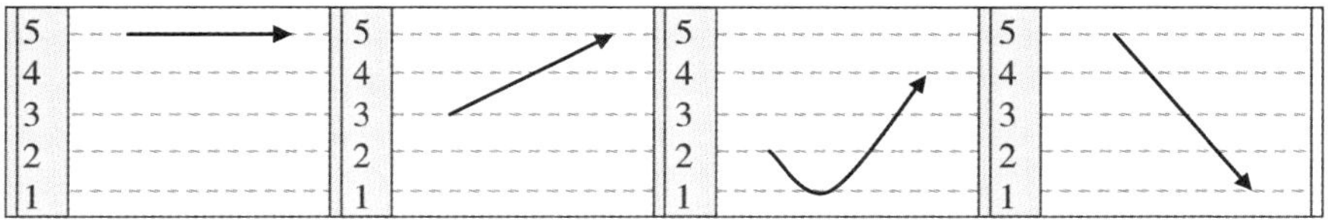


图1-1 声调

(四)音节

音节是语音的基本结构单位,是自然感知到的最小的语音单位,其结构包括声母、韵母、声调三个部分。《现代汉语词典》共收录1298个音节,不带声调的声韵拼合共418个[①]。《国际中文教育中文水平等级标准》[②]规定:达到初等三级水平的中文学习者需要掌握608个音节,达到中等六级水平的中文学习者需要掌握908个音节,达到高等九级水平的中文学习者需要掌握1110个音节。

1. 普通话声韵拼合规律

普通话声母和韵母并不是任意两个都可以拼合的,哪些能拼合、哪些不能拼合有一定的规律(见表1-3)[③]。

---

① 苏新春:《普通话音节数及载字量的统计分析:基于〈现代汉语词典〉注音材料》,《中国语文》,2006年第3期,第274-284页。

② 中国首个面向外国中文学习者,全面描绘、评价学习者中文语言技能和水平的规范标准。2020年9月由国家语委语言文字规范标准审定委员会审定通过,2021年7月1日起正式实施。

③ 表中的开口呼指韵母不是i、u、ü和不以i、u、ü开头的韵母;齐齿呼指i或以i开头的韵母;合口呼指u或以u开头的韵母;撮口呼指ü或以ü开头的韵母。

表 1-3 声韵拼合规律

| 声母 | | 韵母 | | | |
|---|---|---|---|---|---|
| | | 开口呼 | 齐齿呼 | 合口呼 | 撮口呼 |
| 唇音 | b p m | 有 | 有 | 有(只限 u) | 无 |
| | f | 有 | 无 | 有(只限 u) | 无 |
| 舌尖前音 | z c s | 有 | 无 | 有 | 无 |
| 舌尖中音 | d t | 有 | 有 | 有 | 无 |
| | n l | 有 | 有 | 有 | 有 |
| 舌尖后音 | zh ch sh r | 有 | 无 | 有 | 无 |
| 舌面音 | j q x | 无 | 有 | 无 | 有 |
| 舌根音 | g k h | 有 | 无 | 有 | 无 |

### 2. 音节拼写规则

普通话音节拼写规则包括标调法，j、q、x 与 ü 及以 ü 开头的韵母的拼合，y、w 的使用规则。

(1)标调法

当一个音节只有一个元音时，声调标注在元音字母上(元音 i 上有调号时，要去掉 i 上的点)；当一个音节含有两个或者两个以上元音时，声调标注在开口度大的元音字母上。开口度从大到小的顺序为 a、o、e、i、u、ü。

(2)j、q、x 与 ü 及以 ü 开头的韵母的拼合

j、q、x 与 ü 及以 ü 开头的韵母相拼时，去掉 ü 上的两点(见图 1-2)。

{j, q, x} + ü, üe, üan, ün → 

ju, jue, juan, jun　　hǎijūn

qu, que, quan, qun　　qùnián

xu, xue, xuan, xun　　xuéxí

图 1-2　j、q、x 与 ü 及以 ü 开头的韵母拼合

(3)y、w 的使用规则

i、u、ü 或者以 i、u、ü 开头的韵母如果前面没有声母,在拼写时需要使用 y 或 w(见表 1-4)。

**表 1-4　y、w 的使用规则**

| 韵母 | | 写法 |
|---|---|---|
| i 或以 i 开头的韵母 | i、in、ing | yi、yin、ying |
| | ia、ie、iao、iang、iong | ya、ye、yao、yang、yong |
| | iu | you |
| u 或以 u 开头的韵母 | u | wu |
| | ua、uo、uai、uan、uang、ueng | wa、wo、wai、wan、wang、weng |
| | ui、un | wei、wen |
| ü 或以 ü 开头的韵母 | ü、üe、üan、ün | yu、yue、yuan、yun |

(五)变调

有些音节的声调在语流中连着读时会发生一定的变化,这种变化叫作变调。变调一般是受后一个音节的影响引起的。普通话变调包括第三声变调、“一”的变调、“不”的变调。

**1. 第三声变调**

第三声音节在第一、二、四声和大部分轻声音节前边时,读半三声;两个第三声音节连在一起读时,前一个音节读第二声(见表 1-5)。半三声是语音学习的难点。

表 1–5　第三声变调

| | | |
|---|---|---|
| 半三声 | V + { — / \ · } → V' + { — / \ · } | 老师<br>很难<br>米饭<br>你们 |
| 第二声 | V + V → / + V | 你好 |

## 2.“一”的变调

“一”在第一声、第二声和第三声音节前读第四声；在第四声音节前读第二声（见表 1–6）。

表 1–6　“一”的变调

| | | |
|---|---|---|
| 第四声 | 一（yī） + { — / V } → yì + { — / V } | 一张<br>一条<br>一口 |
| 第二声 | 一（yī） + \ → yí + \ | 一块 |

## 3.“不”的变调

“不”在非四声音节前均读原调第四声，在第四声音节前读第二声（见表 1–7）。

表 1–7　“不”的变调

| | | |
|---|---|---|
| 第四声 | 不（bù） + { — / V } → bù + { — / V } | 不高兴<br>不难<br>不好 |
| 第二声 | 不（bù） + \ → bú + \ | 不谢 |

### （六）轻声

普通话除了四个声调之外，还有一个读得又短又轻的声调，叫作“轻声”。书写时，轻声不标调号（见表1-8）。

表1-8　轻声

| | | | |
|---|---|---|---|
| māma | háizi | nǐmen | xièxie |
| 妈妈 | 孩子 | 你们 | 谢谢 |

### （七）儿化

儿化是一种特殊的音变现象，“儿”不自成音节，而是跟前面的音节合在一起，使前一音节的韵母变成卷舌韵母。例如，“鲜花儿”的发音是“xiān huār”，不是“xiān huā’ér”。

## 二、语音教学的步骤与方法技巧

语音教学一般分为四个步骤：展示、示范与体察、模仿与纠音、练习与巩固。

### （一）展示

展示语音可利用PPT或者黑板，也可以用卡片。常见的语音展示有以下几种形式。

#### 1. 分组展示

分组展示是把语音以组为单位进行展示。中文语音是成系统的，有很强的规律性，例如，在同一个发音部位往往存在一组发音方法不同的声母，所以声母可以按照发音部位进行分类。在进行语音教学时，一般是以一组为单位进行展示。

【案例1】

### 舌尖前音声母的展示

z c s

韵母可以按照单韵母、复韵母(前响复韵母、后响复韵母、中响复韵母)、鼻韵母(前鼻韵母、后鼻韵母)进行分组展示;如果考虑跟声母的拼合关系,韵母也可以根据开头的元音来分组,分为:以 ɑ、o、e 开头的韵母,以 i 开头的韵母,以 u 开头的韵母,以 ü 开头的韵母。声调可以按照第一声、第二声、第三声、第四声顺序排列一起展示。轻声可以按照第一声+轻声、第二声+轻声、第三声+轻声、第四声+轻声的顺序排列一起展示。

【案例2】

### 轻声的展示

māmɑ háizi nǐmen xièxie

**2. 对比展示**

对比展示是把两个具有相对关系的语音放在一起展示。例如:教学送气音时常常把送气音跟不送气音一起展示;教学圆唇音时常常把圆唇音跟不圆唇音一起展示;教学后鼻音时常常把后鼻音跟前鼻音一起展示。

【案例3】

### 不送气音与送气音的展示

b p

**3. 单个展示**

单个展示是把语音单独进行展示。例如,教学音节时常常把声母、韵母、声调构成的音节进行单独展示;教学连续三声变调时也常常是单个展示的。

【案例 4】

### 音节的展示

hǎo

为了取得更好的教学效果，成组的语音也可以运用多媒体技术进行单个展示。先一个一个地展示单个语音，最后呈现一组语音。

（二）示范与体察

“示范”的主体是教师，“体察”的主体是学生。示范与体察是指教师示范正确的发音，学生进行观察体会。

教师示范可以是教师亲自发音示范，也可以播放录音或借助多媒体软件示范。为了让学生更好地观察到发音要点、特点，教师示范时常常采取一些方法、手段对发音要点、特点进行适当的突出与强调，以便学生更好、更快地领会掌握。

**1. 借助手势动作**

对外国学生来说，中文声调是普遍性的学习难点。如果教师在发音示范时能够结合手势，把抽象无形的声调具体化、形象化，那么学生就能够较快掌握发音要领。具体做法：发第一声时，手臂抬高，五指并拢，手掌从左至右平移；发第二声时，手掌从左下到右上移动；发第三声时，手掌从左上到下再到右上移动；发第四声时，手掌从左上向右下移动。使用手势示范声调时须注意手臂的摆放高度要稳定，而且要展示出不同声调的相对高度。

在示范“i、ü”这组音时，教师可以在唇形方面进行突出强调。i 和 ü 这两个音在舌位的高低前后上相同，区别在于嘴唇的形状。发 i 时唇形扁平，教师可以做两手食指顺着嘴角往后拉的动作提醒学生唇形扁平；发 ü 时嘴唇要拢圆并稍向前突出，教师可以一边发音，一边用右手食指在嘴前画圆提醒学生 ü 是圆唇元音。

### 2. 借助小工具

在示范“b、p”这组音时，教师可以借助一个小纸条。把小纸条放在嘴前面，发两个音进行对比，让学生观察纸条颤动与否，从中理解送气音、不送气音的区别，然后再让学生进行体验。也可以让学生拿自己的掌心对着嘴，然后发两个音，体会气流的强弱。其他几组（d 和 t、g 和 k、j 和 q、z 和 c、zh 和 ch）也可以采用此方法。

### 3. 利用拖音法

发某个音时，故意延长其发音时间，这种发音方法叫拖音法。例如，示范轻声发音时，教师可以把前面一个音节拖长、加重，然后发出低而短的轻声音节。通过长短、轻重对比，学生更易发现轻声的特点，掌握发音方法。

z、c、s 和 zh、ch、sh 后面的元音单独很难发，由于拼音方案所用字母也是 i，又容易造成误会。教师示范时可以延长声母音程，最后去掉辅音，剩下的就是舌尖元音。

### 4. 利用带音法

以学过的音带出要学的音，以较容易发的音带出较难发的音，这种发音方法叫带音法。例如，ü 和 e 都是韵母中的教学难点，示范 ü 时可用带音法，先发 i，然后嘴唇逐渐变圆前突，就比较容易发出 ü；示范 e 时，也可通过 o 带出。

## （三）模仿与纠音

学生模仿录音或者教师发音，教师及时发现问题并进行纠正。

### 1. 模仿

模仿一定要在教师的监管下进行。一般来说，要先集体模仿，然后再个别模仿。集体模仿能够提高学生的开口率，减轻学生的紧张感，但是可能掩盖发音问题，个别学生容易“混水摸鱼”，所以，集体模仿几遍后要适时转向个别模仿。个别模仿时，教师要注意观察每个学生的发音情况，并根据具体情况进行指导和纠正。

### 2. 纠音

（1）示范、模仿与点拨相结合

语音阶段的教学以示范、模仿为常用方法，如果学生多次模仿而不得要领，教师可以告知语音的发音原理、发音方法。但“告知”不是把所有相关的知识都原封不动地告诉学生，要针对学生的具体问题采用合适的方法进行点拨。比如，有的学生 sh 和 x 常常分不清楚，把“多少”发成“dūoxiǎo”。我们知道，sh 和 x 的发音方法是相同的，但是发音部位不同。出现这种问题，可能是学生不清楚 sh 的发音部位，也可能是理论上知道 sh 的发音位置，但发音器官“不听话”。如果是第一种情况，教师可借助发音器官纵切面示意图告知学生，发 sh 时舌尖上翘抵住硬腭前部，发 x 时舌面前部抵住硬腭前部。如果是第二种情况，可采用咬指法帮助学生找到正确的发音部位，把食指放进口中约一个关节长，抵住舌头下方，强迫舌头往上翘起。

（2）利用外语中的相同或相似音

利用外语或者学生母语中相同或相似的语音进行纠音是一个简单省时的方法。周小兵介绍了泰国学生如何利用泰语学习普通话声调的方法。他认为对泰国学生来说，普通话声调整体不难，难的是第三声。因为泰语有 5 个声调，中文的第一声、第二声、第四声在泰语中有相同或相似的调型。泰语的第二声跟中文的半三声相似，利用泰语的第二声，再将声调稍微升高一点，就是中文的第三声[①]。所以，如果泰国学生中文第三声的发音有问题，可以用这种方法进行纠错。

吕必松曾经指出，英语中“let's go!”中的“go”很像中文第四声的发音。所以，对英语国家或懂英语的学生来说，如果中文第四

① 周小兵：《对外汉语教学入门（第二版）》，中山大学出版社，2009，第 239 页。

声有问题，就可以先让他们对比句子中的“go”来发音[①]。

(3)利用大自然中的声音

大自然中的声音是学生比较熟悉的，我们可以利用这些声音资源教授语音。董菁老师在教日本学生声调时曾经把大自然中的声音引入课堂，加深学生对声调的理解。分别用轮船的汽笛声、感到意外时候的发声、感到失望无助时候的发声、乌鸦的叫声对应中文中的四个声调[②]。

(4)学生自我纠音

学生对学过的语音有了感性认识并能够模仿发音，但是还没有形成习惯，自己发音时会出现错误。这时，教师可让学生自己纠音。比较好用的办法是给学生找一个“标杆”来定音，先让学生练熟“标杆”音，遇到相关问题时，可以根据“标杆”发出正确的语音。比如单音节四个声调常常用“ā、á、ǎ、à”定音，如果单音节第一声“他”出现发音问题，可以让学生重复“ā”，然后自己纠正“他”的发音。

一般来说，学生掌握单音节的声调比较容易，掌握双音节声调相对较难。杨惠元用常用字“都、还、也、再、的”与“听、读、写、看”进行交叉组合，建立了一个双音节声调变化参照系统[③]，可以帮助我们进行纠音(见表 1–9)。

**表 1–9　双音节声调变化**

| | 都 | 还 | 也 | 再 | ~的 |
|---|---|---|---|---|---|
| ~听 | dōu tīng<br>1+1 | hái tīng<br>2+1 | yě tīng<br>3+1 | zài tīng<br>4+1 | tīng de<br>1+0 |

① 转引自周小兵：《对外汉语教学入门(第二版)》，中山大学出版社，2009，第 244 页。

② 董菁：《入门声调指导》，载《国际汉语教学优秀课例集 1》，孔子学院总部/国家汉办编，北京语言大学出版社，2015，第 62 页。

③ 转引自周健：《汉语课堂教学技巧 325 例》，商务印书馆，2009，第 14 页。

续表 1-9

| | 都 | 还 | 也 | 再 | ~的 |
|---|---|---|---|---|---|
| ~读 | dōu dú<br>1+2 | hái dú<br>2+2 | yě dú<br>3+2 | zài dú<br>4+2 | dú de<br>2+0 |
| ~写 | dōu xiě<br>1+3 | hái xiě<br>2+3 | yě xiě<br>3+3 | zài xiě<br>4+3 | xiě de<br>3+0 |
| ~看 | dōu kàn<br>1+4 | hái kàn<br>2+4 | yě kàn<br>3+4 | zài kàn<br>4+4 | kàn de<br>4+0 |

在学习“姐姐、奶奶”遇到发音问题时，可以找到“xiě de”，先复习“xiě de”，在此基础上，自动引出“姐姐、奶奶”的发音。

（5）把握好纠错的度

对发现的语音错误，教师一方面要重视，不能放任；另一方面要顾及学生的情绪，保护学生的学习积极性，不给学生造成太大压力，不能揪住某个学生的某个错误不放，令其尴尬。

### （四）练习与巩固

语音本身的特点决定了语音学习主要靠听辨和模仿，在不断模仿的过程中培养新的发音习惯。所以，语音练习要侧重“听辨”和“发音”两个方面，培养学生的听说能力。常见的练习形式有：听辨练习、听认练习、听写练习、认读练习、听读练习。其中，前三种形式主要侧重“听”的训练，后两种形式主要侧重“说”的训练。

【案例5】[①]

## 听辨练习:声韵举示

教师准备好汉语拼音声韵母卡片,可把声母卡片发给男生,把韵母卡片发给女生(每人可以得到不止一张),然后教师发单音节音。例如:"充",由持有该拼音声、韵母的学生分别举起该听辨练习卡片(即"ch"和"ong",不考虑声调)。在一秒钟内正确举示卡片的学生得一分,超过时间或误举者扣一分,练习结束时由学生自报得分。

本技巧可以迅速检验出学生对拼音掌握的熟练程度及其弱点所在。卡片可以自制,32 开大小比较好,声母、韵母可用两种不同颜色书写或者打印,字体要大而粗,以便全班同学都能看清楚。韵母卡片不标声调。做此练习速度宜快,数量宜多,平均每个学生应举五次以上。第二次做这一练习时,学生交换持有的声母、韵母卡片。教师的发音顺序表课前要准备好,才能保证声韵母练习的周遍性和快捷的发音速度。比如,教师可以读这样一些汉字的音节:跑、层、摔、聘、捉、选、静、强、慧、撇、蛮、森、错、钻、孙、铁、载、权、斌、琼、蒋、拖、熊、决、琴、做、从、就……

听辨这一练习形式也常常用来训练易混的声母、韵母、声调。

【案例6】

## 听认练习:找出异类

教师读出一组词语,这组词语中只有一个词语的声调与其他不同,要求学生找出这个异类。例如:

海军　火车　奶茶　老师　手机

① 案例选自周健:《汉语课堂教学技巧 325 例》,商务印书馆,2009,第 9-10 页。

等学生成功找出“奶茶”这个异类后，教师再读出其他几组词语，让学生继续寻找。例如：

法国 可能 小时 爱情 草莓

可以 电影 手表 所以 小姐

考试 米饭 早饭 准备 胜利

案例6用来练习三声变调，训练学生对三声变调的感知能力。听认这一练习形式也常常用来训练声母、韵母、声调，以及轻声、儿化等。

**【案例7】**

## 听写练习：写拼音比赛[①]

学生分为两组（若男女生人数大致相当，可分为男生组、女生组），每组依次派出一人在黑板上听写拼音。如果声母、韵母、声调三者都对，则留下继续写；若有一种错误，则退下，换第二人上；最后哪个组剩下的“后备力量”多，则获胜。

拼音教学是相对枯燥的，这个练习能吸引学生的注意力和兴趣，训练学生听音辨音能力和正确书写拼音的能力。由于大家一起来挑毛病，能够起到让学生自教自学的效果。教师在安排每组学生出场顺序时，最好能巧妙安排拼音能力弱的先出场，把拼音能力强的同学安排在后边出场。有需要时，某些音节可以念两遍。

**【案例8】**

## 认读练习：看图片读音节

教师打开提前准备好的PPT：

① 案例选自周健：《汉语课堂教学技巧325例》，商务印书馆，2009，第41页。

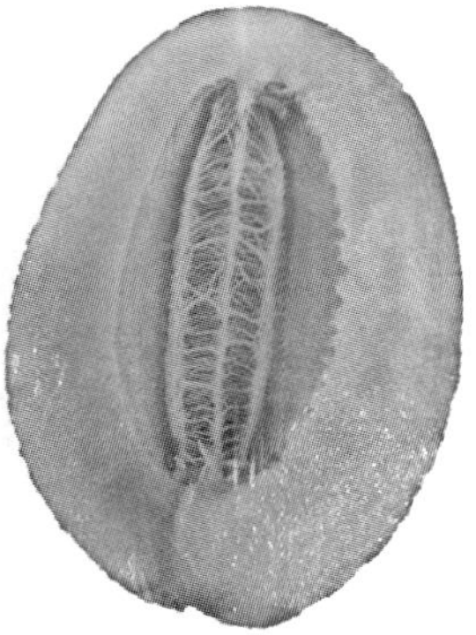

先让全班同学一起看图片说出音节，然后教师 PPT 显示音节拼音，全班认读，学生轮流读并适时进行纠音，最后教师再领读一遍。

给音节配上图片，在认读过程中使学生了解并强化音节的意义，同时把意义形象化，便于学生记忆，提高学生的学习兴趣。

【案例 9】

### 听读练习：词汇接龙

请一位同学说出一个词语，例如“图书”；第二位同学重复这个词语，并用“书”开头，说出第二个词语，例如“书包”；第三位同学重复这个词语，并用“包”开头，说出第三个词语，例如“包子”；依次类推。如果中间有人想不出来，可以换其他同学，教师也可以提供帮助。全班同学轮流一圈后，或者继续，或者重新开始。

这种练习要在学生有了一定的词汇积累以后进行，它可以复习所学拼音和词汇，也可以提高联想能力，活跃思维。

## 三、语音教学应注意的问题

### （一）兼顾短期和长期

语音阶段是中文学习的初始阶段，是集中学习中文语音、奠定中文基础的一个非常重要的时期。在此阶段，教师要对学生进行严格要求，同时还要给学生树立信心，不能让学生畏难而退。另外还须强调的是，语音教学是长期任务，不能指望一个语音阶段就能解决全部问题，在后续教学中还要不断强化巩固。

### （二）集中力量处理重难点

语音教学内容比较明确，但教师要对教学中的重难点做到心中有数，要分清主次，不能平均用力，胡子眉毛一把抓。教师一方面要对中文语音教学中的重难点有清醒的认识，另一方面还要对学生的母语（官方语言）有一定的了解，熟悉每一个学生的语音难点，在教学中有针对性地解决学生的语音问题。

### （三）音素教学与语流教学相结合

音素教学与语流教学相结合大致有两种模式，一种是从小到大模式，即从单个音素教学入手，然后过渡到音节、词语、短句、会话等；另一种是从大到小模式，即从会话入手，然后分解音节，进行声母、韵母、声调教学。这两种教学路径不同，但都结合了音素教学与语流教学。从目前教材编写、教学情况来看，从音素入手进行语音教学案例较多。

### （四）正确发挥语音学理论的指导作用

教师要掌握一定的语音学理论知识，从而能够指导学生学习语音，但运用时要进行一定的“加工”，切忌生搬硬套。要把语音学理论知识转化为形象的、易于学生理解的教学手段，方便学生掌握。例如，教学音节声调标调，错误的做法是直接介绍标调规则（声调必须标注在元音字母上面；当一个韵母含有两个或两个以上元音字母时，声调标注在开口度大的元音字母上）。因为这样的教学很难实施也难以达到效果：一方面学生刚开始学习中文，由于水平有限，教师必须使用媒介语才能介绍；另一方面，教师即使使用了媒介语，由于介绍中包含一些语言学专业术语如“元音、开口度”等，学生也未必明白。有经验的老师会把声调标注规则转化为公式：

ɑ>o>e>i>u>ü

为了更加形象易懂，还可以设置不同大小的字号：

# ɑ > o > e > i > u > ü

### （五）语音练习要讲究方式方法

语音教学大部分时间是练习，练习时注意以下几点：一是要注意练习项目的选择，重点难点要多练；二是练习过程要有趣，练习形式要多样；三是练习结果要有效，要保证练习质量；四是练习时最好有教师监管，避免强化错误。

## 四、案例学习与研讨

**第一声教学**

### （一）展示

教师在 PPT 上展示“ā”，并利用五度标记法图片进行辅助。

（二）示范与体察

**1. 教师示范**

教师：你们听！（边说边做手势：先指学生，然后指自己的耳朵）

ā——ā——ā——（范读三遍，语速缓慢。范读时，手在五度标记法图上随读音做水平移动）

**2. 学生体察**

学生一边观察教师的口型和手势，一边倾听教师“ā”的发音并在心中默默尝试发音。

（三）模仿与纠音

**1. 教师领读，学生集体跟读（领唱）**

教师：ā——（教师领读，并示意学生跟读）

学生：ā——

教师连续领读三遍。

**2. 学生轮流发音，教师纠错（独唱）**

教师走到一位学生面前，示意学生发音。

学生1：ā——

教师：很好！（一边说一边伸出大拇指）

走到第二位学生面前，示意其发音。

学生2：ā——（读的是平调，但调值不够高）

教师：1——2——3——4——5，5——5——（手指五度标记法图片，唱音阶：do——ri——mi——fa——so，so——so——）。ā——（让学生2跟读）

学生2：ā——

教师：很好！

走到第三个学生面前，示意其发音。依次读下去，直到每个学生都读一遍。

### 3. 学生集体发音，形成班级“语流”（合唱）

教师：一起读！（边说边指点“ā”，示意所有学生）

学生：ā——ā——ā——

## （四）练习与巩固

### 1. 模拟单个第一声音节的发音练习

PPT 上依次展示“ā、ō、ē、ī、ū、ǖ”，用教师领读、学生个别读、全班齐读的方法练习发音。

### 2. 模拟多个第一声音节组合的发音练习

PPT 依次展示“ā、āā、āāā、āāāā”，用教师领读、学生个别读、全班齐读的方法练习发音。

## 思考与讨论

1. 阅读下面的案例[①]，说一说对你有什么启示。

当涉及一些常用字的时候，我会告诉学生相应的汉语意思是什么。因为在单纯地练习语音时，我发现有几个学生在跟读后出现倦态，毕竟他们已经连续上了快三个小时的课了，所以我决定用这些拼音的意思来吸引他们。比如，读到 bù 的时候，我就会告诉他们这个音在汉语中是什么意思，读到 yī 的时候，告诉他们这是汉语的“一”，另外还有一些简单的词语如“爸爸、妈妈、哥哥”等，不过教意义时我都没有涉及汉字的写法。

① 案例选自朱勇：《国际汉语教学案例与分析》（修订版），高等教育出版社，2015，第 151 页。

2. 阅读下面的案例[①]，说一说雷老师在教学中存在的问题，并给他一些建议。

雷老师要开始为期一个月的汉语强化教学了，教学对象是暑期即将去中国夏令营的美国高中交换学生。她实在听不惯学生的“洋腔洋调”，所以上课两个星期了，她每天上课都在纠正学生的发音。学生们觉得很烦，也觉得很没面子，希望她不要在课堂上老是纠正他们的发音。但雷老师坚持自己的做法，还是一个音一个音地、一个字一个字地纠正，甚至影响到了上课的连续性，学生们觉得很没意思。

3. 请就第三声进行教学设计。

4. ü 是很多外国学生学习的难点，请你为他们设计教学方案。

5. 按照由易到难的原则为声母 z、c、s 设计一套教学方案。

① 案例选自孔子学院总部/国家汉办：《国际汉语教师经典案例详解》，人民教育出版社，2018，第 105 页。

# 第二章

# 中文词汇怎么教

词汇是语言的建筑材料，要想把语言这座大厦建得更高、更牢固，词汇非常重要。词汇学习也是语言学习的基础，要想把中文水平提高到一定的程度，必须掌握大量的词汇。我们知道，词汇是一个开放的系统，系统成员非常复杂。对于中文教师来说，怎么才能教好词汇呢？

## 一、词汇教学的内容

《国际中文教育中文水平等级标准》规定：达到初等三级水平的中文学习者需要掌握的词汇量是2242个，达到中等六级水平的中文学习者需要掌握的词汇量是5456个，达到高等九级水平的中文学习者需要掌握的词汇量是11092个。等级标准为国际中文教育词汇教学的内容划定了范围。

具体来说，词汇教学主要包括词的音、形、义、用四个方面的内容。

### （一）音

音指词的读音。词的读音是否准确常常被认为是一个人中文学得好不好的重要标准。这部分的教学跟语音教学有密切的联系。如果语音阶段没有打好基础，词的发音就会出现问题。但是语音阶段毕竟不长，不能解决所有的语音问题，语音阶段结束了，语音练习还是不能放松。教师在教授词汇时，要特别关注容易出错的声母、韵母、声调，并多加练习。对一些特殊词的发音，像轻声词、儿化词、有三声变调的词、多音词等要提醒学生注意。另外，对教材也不可盲目相信，要培养独立思考的精神。例如，某教材就把"四年的时间很快，一晃就过去了"中的"晃"标成了第四声，而实际上，这里的"晃"应该读第三声。所以在教学中一旦遇到似是而非的问题就要查权威词典进行求证。

### （二）形

形指词的书写形式。如果一个人只会听说，不会读写，说明他的中文水平不够全面。这部分的教学跟汉字教学有密切的联系。形的教学既是重点也是难点。说它是重点，是因为字形的掌握对音、义的学习有帮助。例如："我们"中的"们"是左右结构，是一个形声字，右边的"门"表示汉字"们"的发音；"休息"中的"休"也是左右结构，是一个会意字，左右两边一起表示汉字"休"的意思。如果了解了这两个汉字的字形特点，掌握这两个词就变得容易了。说它是难点，是因为跟汉字沾边的，不管是认读还是书写，大部分留学生都觉得是难的。认读难，是因为汉字的字形跟读音没有足够的联系（形声字除外）；书写难，是因为汉字数量大，每个汉字千差万别，记忆较难。

### （三）义

义指词的意义。意义包括词汇意义（概念意义）、色彩意义（感情色彩、语体色彩）、语法意义等。

"书架"和"书柜"这两个词的区别在于词汇意义不同，虽然都是存放书籍用的家具，但“书架”是开放的，没有门，“书柜”是有门的。“肥”和“胖”、“企图”和“试图”这两对近义词的区别在于感情色彩不同，“肥”和“企图”是贬义词，“胖”和“试图”是中性词，所以句子“我非常努力，企图找到一种学好汉语的方法”中的“企图”属于用词不当。“太阳”和“日”、“爸爸妈妈”和“父母”这两对近义词的区别在于语体色彩不同，“太阳”和“爸爸妈妈”是口语体的词，“日”和“父母”是书面语体的词，所以句子“今天天气很好，有日”中的“日”用得也不合适。“人”和“树”的词汇意义固然不同，但两者都表示事物，都是名词，抽象的语法意义是相同的。

在课堂教学中，以上几种意义都是要说清楚的。

（四）用

用指词的用法。了解词的读音、书写形式、意义很重要，但掌握词的用法更重要。比如学习“设法”这个词，只说清楚它的意思是“想办法”还不够，还要告诉学生在使用时，“设法”后边必须有别的动词，而“想办法”没有这样的限制。否则，学生就会造出“遇到困难的时候，我常常会设法”这样的错句。

总之，词汇教学的内容是词的音、形、义、用，与之相联系，词汇教学的目标是辨其声（听得懂、读得出）、识其形（认得出、写得出）、通其意（明白意思）、达其用（会运用）。

当然，不同的课型，其词汇教学的侧重点不同。综合课讲究全面，词的音、形、义、用四个方面都要照顾到；听力课重点是音和义，要求学生能够听到词的读音就能联想到它的意义；口语课重点是音、义和用，要求学生能够运用词的正确读音和意义进行口语表达；阅读课重点是形和义，要求学生能够认识汉字并知晓词的意义；写作课重点是形、义和用，要求学生能够运用词的正确书写形式和意义进行书面语表达。

在不同的教学阶段，词汇教学的侧重点也不同。初级阶段要侧重词的音、形、义之间的联系和一些特殊词语(量词、离合词等)的用法;中级阶段要侧重虚词的用法和近义词的辨析;高级阶段要侧重成语、惯用语等固定短语以及具有文化意义的词语的意义和用法,同时,还要对词汇运用的得体性进行重点教学。

## 二、词汇教学的步骤与方法技巧

词汇教学主要是围绕词的音、形、义、用四个方面的内容展开。对于课堂教学来说,词汇教学的主要任务是解决生词表中的生词。这些生词如何教?具体来说可分为四个步骤:展示生词、认读生词、解释词义和用法、操练生词。

### (一)展示生词

展示生词可利用 PPT 或者黑板,常见的生词展示有以下几种方式:

#### 1. 按生词表展示

根据生词表顺序来展示生词是最常用、最简单的方式。一方面,它跟学生预习生词的顺序一致,便于激活;另一方面,生词表顺序跟课文内容走向一致,便于学习课文内容。

#### 2. 按词类排列展示

根据词性不同来归类排列生词,便于进行词语搭配练习。

**【案例 1】**

### 《成功之路·起步篇 1》①第 2 课《这是安妮的地图》

第 2 课一共 14 个生词，包括“这、的、书、词典、地图、本子、笔、有、没有、支、个、两、本、张”，重新排列展示如下：

| | | | | | |
|---|---|---|---|---|---|
| 有 | 两 | 本 | 书 | 的 | 这 |
| 没有 | | | 词典 | | |
| | | 张 | 地图 | | |
| | | 个 | 本子 | | |
| | | 支 | 笔 | | |

这样的排列展示便于后面生词和语法的讲解和操练。第一步，可以先学习一组名词，然后学习数词“两”，再学习一组量词。在学习量词的过程中，可以进行“数量名”的搭配操练（两本书、两本词典、两张地图、两个本子、两支笔）；第二步，学习动词“有、没有”，并与第一步学习内容相结合进行“有字句”的操练（我有两本书、我没有地图等）；第三步，学习“的”，并结合一组名词进行操练（我的书、你的词典、他的地图等）；第四步，学习“这”，并结合第三步学习内容进行句子操练（这是我的书、这是你的词典、这是他的地图等）。第 2 课的语法点是“量词”“有字句”和表示领属的“的”，如果按照上面的排列进行教学，生词学完了，语法也差不多掌握了。

① 《成功之路》是由邱军主编、北京语言大学出版社出版的进阶式系列教材，包括入门篇、起步篇、顺利篇、进步篇、提高篇、跨越篇、冲刺篇和成功篇。

### 3. 按相关意义排列展示

根据词与词之间意义的相关性进行组合排列，有助于学生记忆。

**【案例2】**

**《成功之路·起步篇2》第23课《这件衣服是中式的》**

第23课课文《这件衣服是中式的》共有生词（包括扩展生词）23个，重新排列如下：

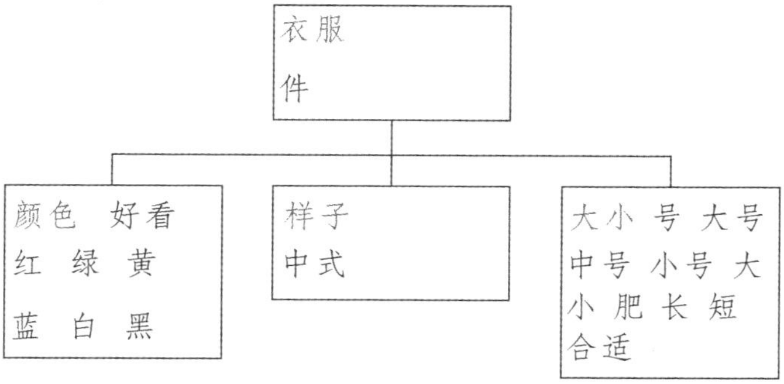


第23课课文的主题是"买衣服"，出现的生词都跟"衣服"相关。上面排列按照衣服的"颜色""样子""大小"对生词进行归类，清楚易记。第23课的语法点是"的"字短语，生词部分学习完后，可以很容易以此导入语法点，带出多个句子并进行操练："这件衣服是红的""这件衣服是中式的""这件衣服是大号的"等。

### 4. 通过听写生词展示

老师提前布置预习生词任务，听写时设计好生词在黑板上出现的位置，标明序号。优点是可以检查学生的预习情况，节省时间，为下面的教学形成铺垫；不足是受限于学生的学习能力和预习情况，学生的板书也可能不那么美观。

**【案例3】**

### 《初级汉语课本》[①]第5课

第5课一共有17个生词：什么、书、也、不、画报、报、纸、画儿、馒头、那、包子、吃、常常、地方、书店、买、回。老师提前在黑板上标好序号，听写后横看能连词成句，纵看词性一致。

| | | | | | |
|---|---|---|---|---|---|
| (1)那 | (2)也 | (5)买 | (8)什么 | (9)书 | |
| | (3)不 | | | (10)画报 | |
| | | | | (11)报 | |
| | | | | (12)纸 | |
| | | | | (13)画儿 | |
| | (4)常常 | (6)吃 | | (14)馒头 | |
| | | | | (15)包子 | |
| | | | | | (16)地方 |
| | | (7)回 | | | (17)书店 |

除了整体展示生词表中的生词外，也可以进行分组展示和个别展示。初级阶段每个课文的生词有十几二十个，适合集中展示；中高级阶段每课生词量较大，比较适合分组或个别展示。

#### （二）认读生词

认读生词，目的是让学生在词的形和音之间建立联系。认读有不同的读法，如下：

第一遍：找读。学生按照老师指定的生词认读，建立形音之间的联系，纠音。

第二遍：领读。教师领，学生跟。

第三遍：练习读。学生自己练习。

---

① 教材由鲁健骥主编，2003年北京语言大学出版社出版。

第四遍：认读。学生一个一个读，老师纠音。每个学生读 4～5 个。

第五遍：齐读。

认读结束，教师可对生词中出现的生字进行结构分析，加深学生对字形的认识，便于书写。

### （三）解释词义和用法

词的释义有多种方法，下面介绍常用方法。

#### 1. 利用生词表中的翻译释义

绝大多数教材的生词表中都有一种甚至几种媒介语对生词的意思进行翻译，特别是初级阶段的教材，而且词汇翻译一般是采用不同语言词汇对译方式。例如“老师”对译成英语的“teacher”、法语的“enseignant/professeur”、西班牙语的“maestro/profesor”、俄语的“учитель”等。利用翻译释义的优点是简单省力，但有时候也有风险，因为中文词汇与翻译词汇的语义很少是完全对等的，总是有着这样那样的差异。比如，在词义概括的方式、范围上，在义项的多少上，在搭配、使用的范围上，在褒贬色彩和文化含义上都可能存在差异，一不小心就可能会出错。

另外，还需要注意是否所有的学生都能明白翻译所用的语言。在中文为目的语的环境下，通常采用混合编班，学生的母语不同，学生掌握的第二语言也不尽相同，甚至有的学生只会母语。在这种情况下，利用生词中的翻译释义就变得比较困难。在中文为非目的语的环境下，这种释义方法比较常见。

#### 2. 利用实物、图片、视频、画画、动作演示等直观手段释义

利用实物释义时，实物须是小巧的、便于带到教室中来的东西，或者可以直接利用教室中的实物来释义。

利用图片、视频释义时，要注意表达的准确性，避免冗余信息对词义造成干扰。也要注意图片大小、视频长短。

利用画画释义主要是针对学生临时提出的词语问题。比如讲到鲜花,学生问:“花”为什么有不同的量词“朵、枝、束”?这时,画简笔画是最方便省力的回答方法。

利用动作演示释义主要是利用肢体动作及表情。比如“拿、背、提、搬、抬”“哭、笑、生气”等都可以利用动作演示来释义。吴勇毅老师说到这样一个例子:某课文中有“他们办事就这样,什么事都拖拖拉拉的”这样一个句子。《现代汉语词典》解释“拖拉”为“办事迟缓,不赶紧完成”。这样的解释对初级学生来说不容易懂。如果教师边说边用动作演示——一个人站着,另一个人拖着他往前走,还有一个人拉着他往后退。教师问学生“这个人能不能走得很快”(诱导),学生会回答“不行,一定很慢”。教师紧接着说:“好,‘拖拖拉拉’的意思是做事情很慢。”学生一下子就明白了这个词的意思。[①]

### 3. 利用旧词,以旧带新释义

学过“有名”这个词,学习“举世闻名”时,就可以说“举世闻名就是很有名,全世界都知道”;学过“爸爸、妈妈”这两个词,学习“父母”时,就可以告诉学生这两对词意思相近。这是利用近义词释义。利用近义词释义,一定要注意讲清两者相同与不同之处。也可以利用反义词释义,比如“难和容易”“好和差(坏)”“好吃和难吃”等。

### 4. 利用语素释义

利用语素释义是一种经济省力的好办法。比如学过了“售票员”,知道“员”指某一种人,以后学习“服务员、运动员、售货员、教员、学员”等词时,教师就可以引导学生去猜测这些词的词义。同样,知道了“商店”中的“店”的意思,学习“书店、服装店、水果店、食品店”等词时,教师也可引导学生类推这些词的意思。

---

① 吴勇毅:《对外汉语教学法》,商务印书馆,2012,第236页。

### 5. 利用情境释义

抽象意义的词没法通过直观形式释义，但是可在具体的情境中释义。如何通过设置情境巧妙解释抽象意义的词？首先要注意设置的情境要真实，贴近学生生活。比如，讲解“根据”一词，可设计如下情境：

背景：昨天，教师布置了预习生词的作业，要求两天以后听写。

教师：现在听写，你们准备好没有？

学生：没有准备好。

教师：那什么时候可以呢？

学生：明天。

教师：好。根据你们的要求，我们明天听写生词。

再比如“知道、认识、了解”三个词的宾语都可以是人，意义有交叉，但程度不同。如何设置情境，区别它们的意思呢？

【案例4】

**讲解“知道、认识、了解”的意义**

背景：本科班的王老师要来这个班上课，这件事情已告诉学生。

教师：你们知道王老师吗？

学生：知道。

教师：你们怎么知道的？

学生：老师昨天告诉我们的。

教师：你们认识王老师吗？

学生：认识（不认识）。

教师：（问学生甲）你在哪儿认识王老师的？

学生甲：在电梯里。

教师：（问学生甲）你了解王老师吗？（年龄、家庭、爱好、教什么课）

学生甲：不了解。

教师:(总结)“知道、认识、了解”三个词的宾语都可以是人,但是“知道”某人的意思是听说过某人;“认识”某人的意思是跟某人见过面,或者见过某人的影像或照片;“了解”某人的意思是对某人非常熟悉。“了解”某人一定“认识”某人和“知道”某人,但“知道”某人并不一定“认识”某人或者“了解”某人。

### 6. 利用词典等工具书释义

中高级阶段常常用词典来释义。用词典释义时一定要注意不能照搬词典的原话,要用学生听得懂的话重新解释。吴勇毅提出了解释词语的难度公式:难度=学生现有水平-1。[①] 意思是要用比学生现有水平更低难度的词语解释生词。比如,“迷惑”,《现代汉语词典》解释为“辨不清是非,摸不着头脑”。“迷惑”是HSK6级词汇,用来解释的词汇“是非”也是6级词汇,“头脑”是个超纲词;用来解释的语法“辨不清、摸不着”也比较难。总的来说,不符合难度公式。所以,如果照搬词典中的解释,很可能加重学生的负担(要去查别的生词),效果也不会好。教师可以在不改变词义的前提下,适当修改释义,解释为“不知道对错,不清楚做什么、怎么做”。

词语用法的讲解主要是讲清楚该词语在句中的位置,前后跟哪些词语搭配。比如讲解“却”,可以跟“但是”进行对比,突出其在句中的位置。

虽然快11月了,但是天气不太冷。

虽然快11月了,天气却不太冷。

讲解“穿”和“戴”的用法,可以进行搭配扩展:

穿衣服　穿裤子　穿裙子　穿鞋　穿袜子

戴帽子　戴领带　戴手套　戴手表　戴项链

① 吴勇毅:《对外汉语教学法》,商务印书馆,2012,第239页。

### （四）操练生词

操练生词分为两种情况，一种是对单个生词的操练，另一种是对多个生词的操练。

#### 1. 单个生词的操练

单个生词的操练主要针对重点生词，是在讲解完某个重点生词之后。常用方法有扩展、问答、设置情境、完成句子等。

（1）扩展

词语扩展从词开始，过渡到短语，再到句子，最后落脚点是课文中的目标句。

【案例5】

**扩展操练动词“来”**

目标句：明天我妈妈来北京。

扩展过程：来/来留学生宿舍、来14号楼、来214房间、来友谊宾馆、来北京/明天来北京/明天我妈妈来北京。

在教学中，常由教师领说，学生跟说。

（2）问答

问答式操练常由教师提出问题，学生给出含有目标词的句子。

【案例6】

**操练跟时间相关的动词“过”**

之前学过跟空间相关的动词“过”，可由“过马路”引出新内容并进行搭配扩展：

过周末　　过春节　　过生日

然后，设计问题进行问答操练：

①你打算在哪儿过周末？

②在中国怎么过春节?

③你过生日的时候,有生日晚会吗?

问答式操练也可以采用生生问答方式。在上个案例中,师生问答完一个问题后,也可以转入生生问答。问答式操练是一个综合操练形式,结合了词语搭配、词语扩展等操练形式。

(3)设置情境

教师为目标词设置使用典型情境,让学生说出此情境中含有目标词的句子。

【案例7】

**操练副词"千万"**

教师:回国的时候,你们的老师、同学、朋友跟你们说什么?

学生1:千万别忘了汉语。

学生2:你千万要注意身体。

学生3:常联系,你千万别忘了我们。

学生4:明年千万要回来。

……

(4)完成句子

教师给出上半句,让学生用所给的生词完成下半句,或者由教师给出下半句,学生用所给的生词完成上半句。

【案例8】

**操练形容词"难免"**

①学习一门新的语言,(难免)____________。

②刚到一个新的环境,(难免)____________。

③她在这里没有朋友,而且这几天又生病,(难免)____________。

## 2. 多个生词的操练

多个生词的操练通常是在所有生词讲解完成以后，可以分组进行，也可以整体性操练。常用方法有闪卡抢答、柱状搭配、选词填空、看图说词、你来描述我来猜等。

(1)闪卡抢答

闪卡抢答可以采用全班抢答形式，也可分组抢答，小组比赛。教师可根据学生的情况确定闪卡速度，制造"紧张"氛围，快速激活大脑中的生词记忆。利用闪卡操练生词方便、快捷，可以加深学生对生词形、音、义联系的认识，巩固、掌握新学生词。

(2)柱状搭配

柱状搭配可以是词的形、音搭配，形、义搭配，形、音、义搭配，也可以是词与词的搭配。学生找到合适的搭配，连线即可。前者主要操练词的形、音、义之间的联系，后者主要操练词与词的搭配关系。

【案例9】

**把下列词语进行连线**

| | |
|---|---|
| 释放 | 损失 |
| 震级 | 能量 |
| 造成 | 带 |
| 地震 | 很高 |
| 密切 | 途径 |
| 根本 | 关注 |

(3)选词填空

为一组生词的每个词设计一个句子，句子中要空出生词，让学生选择合适的词进行填空。放在一起进行操练的生词最好在意思上或者用法上有关联。

(4)看图说词

教师出示生词图片,学生说出是哪个生词。这种操练方式比较适合具有形象色彩的生词。

(5)你来描述我来猜

教师对词义进行描述,学生猜是哪一个词。待学生中文水平比较高时,也可以由学生描述词义,其他学生来猜词。为了增加趣味性、紧张感,也可以分组比赛。具体做法:每组派两位同学到教室前面,一人面对大屏幕(黑板)描述词义,另一人背对大屏幕猜词。在规定时间内,猜对答案最多的组获胜(所猜的词可以由教师或者其他组的同学通过电脑输入或者写在黑板上)。这种词语操练方式带有游戏性质,能够活跃课堂气氛,同时可以检验学生对词义的理解程度,提高学生定义词语、解释词语的能力。

## 三、词汇教学应注意的问题

### (一)词汇教学要突出重点、难点,不能面面俱到、平均用力

初级阶段课文中简单、易懂的生词可以省去操练环节;中、高级阶段每课生词量大,动辄几十个、上百个,每个生词都按教学步骤学习是不现实的,也是没必要的。词汇教学要根据情况合理安排,差异化对待。

### (二)词汇教学要有分层教学意识,不能过度拓展

生词大多是多义词,有不止一个义项,学习应聚焦在本课出现的义项上,其他义项要待合适的时候再学习。当然,如果一个词所学义项跟其他义项关系紧密,拓展学习有利于所学义项的掌握而不是增加学生负担,那么可以特殊对待。

(三)要重视生词解释环节的教学

生词解释环节是重中之重，要根据具体词语选择适合的方法。外语背景的老师不能全用翻译法，中文背景的老师也不能照搬词典上的释义。教师的授课语言一定是学生能听得懂的。

(四)词汇教学要遵循由易到难、循序渐进的原则

对外汉语教学词汇总量 11092 个，共分为九级，每一个级别都跟教学阶段(初、中、高)有一定的对应关系。一般来说，级别越高，难度越大。教学中要注意级别顺序，什么阶段要重点教什么级别的词。另外，就同一课的生词而言，也有一个难易排序的问题。例如，“桌子”和“张”在生词中同时出现，一定是先教“桌子”，然后教“张”。一个生词按什么步骤教，也要遵循由易到难、循序渐进的原则。

## 四、案例学习与研讨

《成功之路·顺利篇 2》第 19 课课文 1《从这条路爬上去》

(一)展示生词

利用课件按照生词表顺序展示生词，每个生词包括汉字、拼音和英文注释三部分。

(二)认读生词

**1. 朗读生词**

教师领读→学生齐读→单个学生认读→学生齐读。读的过程中注意纠音。

2. 认读汉字

擦除拼音，认读汉字。

3. 分析、范写汉字

教师带领学生分析、范写生词表中新出的汉字。

（三）解释词义和用法

1. 爬

（1）展示小孩子在地上爬的图片，教师提问：几个月的孩子会爬？（预设答案：8个月左右）

（2）用动作演示法比较“躺、爬、坐、站、走、跑”，对相关动词进行复习。

（3）展示爬山、爬楼梯的图片，简单解释与上面“爬”的关系。

（4）提问：你喜欢爬山吗？

2. 危险　安全

（1）展示在悬崖边爬山的图片，教师提问：这样爬山危险不危险？（预设答案：危险）教师强调：对，这样爬山很危险，不安全。

（2）提问：什么时候过马路危险？什么时候过马路安全？（预设答案：红灯亮的时候、绿灯亮的时候）

3. 小心

提问：过马路时要小心，还有什么情况下我们要小心？（预设答案：下雨时、晚上在外边、考试时）

4. 石头　块

（1）展示石头的图片，提问：怎么说？（预设答案：一块石头）

（2）一块生日蛋糕、一块西瓜、一块手表。

5. 小路　大路

（1）展示两张图片，分别是田野中的小路和汽车行走的大路。

（2）一条小路、一条大路。

从我家去学校走小路很近，走大路很远。

### 6. 山顶

（1）展示山顶的图片，解释“顶”的意思。

（2）山顶、头顶、一顶帽子。（由“顶”的名词用法带出量词用法）

### 7. 皮　垃圾桶　扔

（1）展示苹果皮、香蕉皮、橘子皮的图片。

（2）展示垃圾桶的图片。

（3）提问：吃完香蕉，香蕉皮怎么办？（预设答案：扔到垃圾桶里/把香蕉皮扔到垃圾桶里）

### 8. 渴

（1）提问：你跑步跑了半个小时，渴不渴？（预设答案：渴）渴了怎么办？（预设答案：喝水）

（2）比较“渴、喝”两个汉字的结构特点。

### 9. 一半

提问：一个苹果两个小朋友吃，怎么分呢？（预设答案：每个人一半）

这本书一共 12 课，现在我们学习了 6 课，用“一半”怎么说？（预设答案：这本书我们学习一半了）

### 10. 掉

（1）动作演示：提前把书放在桌子边上，装作不小心碰到书的样子，书掉在了地上，然后说：我的书掉下去了。/我的书掉到地上了。

（2）游泳的时候，我的手表掉到海里了。

风太大了，我的帽子掉了。

### 11. 继续

提问1:刚才我们学习了生词"掉",你们明白了吗?(预设:明白了)好,我们继续学习生词。

提问2:明年你们还继续学习汉语吗?

### 12. 重要

提问:去外边你觉得什么最重要?
　　学习汉语你觉得什么最重要?

### (四)操练生词

操作方法:闪卡认读生词。

## 思考与讨论

1. 阅读下面的案例,说一说对你有什么启示。

**操练生词"有害"**①

教师:抽烟对身体好不好?(教师边问边板书"对……不好",该结构已学过)

学生:抽烟对身体不好。

教师:这个句子用"有害"怎么说呢?(教师边问边板书"对……有害",并说明"对……有害"和"对……不好"的意思差不多)

学生:抽烟对身体有害。

教师:喝酒对身体好不好?

学生:不好。(也有学生说"好")

(教师示意学生用"对……有害"说句子)

---

① 案例选自张秀红:《"基于信息交流"的对外汉语初级综合课词汇教学模式探索》,《云梦学刊》,2014年第1期,第138页。

学生:喝酒对身体有害。

教师:你认为喝酒对身体有害还是有益?(补充生词“有益”“适量”“过量”,引导学生说出两个答句)

学生:适量喝酒对身体有益。

过量喝酒对身体有害。

教师用较慢的语速带领全班同学读上面的问题,然后让一两位学生单独再读一遍;教师遮挡句子,快速重复一遍,让学生复述;教师给出“吃很多肉”“只吃蔬菜”“喝饮料”“不吃早饭”“晚饭后运动”“找个语伴”“跟中国人用汉语聊天儿”“跟朋友用母语聊天儿”等词组,要求学生用所给词组在限定时间内使用“你认为/A 对 B/有害还是有益?”这一句型采访同桌并报告采访结果。

2. 阅读下面的案例[①],说一说崔明在教学中存在的问题并帮他进行教学设计。

崔明在英国一所大学教高级汉语。有一次她正在讲解课文,文中出现了“徐徐”这个词。这时,她的学生举手,请她辨析“徐徐”和“慢慢”这两个近义词有什么区别。这个问题把崔明难住了,她只好回答说:“用英语大概都可以翻译成‘slow’或‘slowly’吧。”学生还是觉得困惑,请崔明详细解释一下,她却觉得难以回答。

3. 两种语言的词汇在词义概括的方式、范围上,在义项的多少上,在搭配、使用的范围上,在褒贬色彩和文化含义上都可能存在差异。举一个这方面的例子,并说一说怎么进行教学。

4. 找一本初级阶段的教材,选择一课对其中的生词进行具体的教学设计。

---

① 案例选自孔子学院总部/国家汉办:《国际汉语教师经典案例详解》,人民教育出版社,2018,第 10 页。

## 第三章

# 中文语法怎么教

语法是语言的结构规律。学习任何东西,最好最快的方法就是要掌握和理解其规律,这样才能做到以不变应万变。那么,对于中文教师来说,怎么教好中文语法呢?

## 一、语法教学的内容

《国际中文教育中文水平等级标准》规定:达到初等三级水平的中文学习者需要掌握的语法点是210个,达到中等六级水平的中文学习者需要掌握的语法点是424个,达到高等九级水平的中文学习者需要掌握的语法点是572个。等级标准为国际中文教育语法教学的内容划定了范围。

具体来说,一个语法点要教三个方面的内容:一是结构形式,二是意义,三是用法。

### (一)结构形式

以“把”字句为例,“把”字句的结构形式可以归纳为:S+把+O+V+其他成分。根据“其他成分”不同,“把”字句有不同的类型。《国际中文教育中文水平等级标准》把“把”字句的形式分为13种类型，分布在初等三级至高等七—九级范围之中。三、四级包括下面几种类型：

1. S+把+O+V+在/到+处所

我把书放在桌子上了。

师傅把水送到我的房间里了。

2. S+把+$O_1$+V(+给)+$O_2$

同学们把作业交给老师了。

3. S+把+O+V+结果补语/趋向补语/状态补语

我把饭吃完了。

你把我的手机拿过来。

大卫把房间打扫得干干净净。

4. S+把+O+V(+一/了)+V

小明，晚饭后你把作业做一做！

他把手洗了洗，开始吃饭。

5. S+把+O(+给)+V+了/着

他把学过的汉字都忘了。

你别忘了把词典带着。

6. S+把+O+V+动量补语/时量补语

妈妈把小明说了一顿。

我们把这个问题讨论了三个小时。

以上这些都是“把”字句的结构形式。

对语法点结构形式进行教学时，要关注语序、位置、搭配等重要因素。例如，讲动量补语就要讲清楚动词、补语与宾语三者的顺序：

①我读了两遍课文。

②我找了你两次。

③我去过两次上海/我去过上海两次。

例①宾语是名词，语序是“动词+补语+宾语”；例②宾语是人称代词，语序是“动词+宾语+补语”；例③宾语是地点专用名词，两种语序都可以。

### （二）意义

语法点的结构形式表达一定的意义，不同的结构形式表达的意义有区别。例如“把”字句“S+把+O+V+在/到+处所”主要是强调动作（V）使某个确定的事物（O）发生位置的变动；“S+把+O+V+结果补语”主要是强调动作（V）使某个确定的事物（O）产生了结果。

对语法点意义进行教学时，一般采用归纳法。先给出一些具体用例，在分析用例的基础上，归纳语法点的形式，得出语法点的意义。例如，讲“一边……一边……”，可以通过各种方式引出例句：

①大卫一边听音乐，一边看书。

②我们一边喝茶，一边聊天儿。

③同学们一边读，一边写。

教师先让学生观察“一边……一边……”在句中的位置，然后引导学生说出两个“一边”后边都是“V+O”形式，分别代表两件不同的事情，同时还要让学生明白这两件事情是在同一时间进行的。最后归纳总结“一边……一边……”语法点的形式是：S+一边+$V_1$+$O_1$，一边+$V_2$+$O_2$；意义是“两件事情同时做”。

### （三）用法

语法点的形式、意义不同，用法自然也有区别。例如“把”字句“S+把+O+V+在/到+处所”表达的意思不能用“SVO”句来表达。“老师把书放在桌子上了”不能说成“老师放在桌子上书了”，也不能说成“老师放书在桌子上了”。“S+把+O+V+结果补语”表达的意思可以用“SVO”句来表达，但是表达侧重点不同。“我把饭吃完了”意思是强调因为“吃”这个动作使得“饭”没有了，表达侧重点是

“饭没有了”，后续句可能是“再拿一点儿饭来”；“我吃完饭了”表达侧重点是“吃饭”这件事完成了，后续句可能是“咱们去外边吧”。所以，如果说话人的关注对象是“O”，并且表达重点是对“O”进行处置或者造成影响，那么使用“把”字句就比较合适。

对语法点用法进行教学时，要讲清语法点的使用环境和作用。例如，询问年龄有以下几种表达方式：

①你几岁了？

②你多大了？

③您多大年纪了？

这三种句式如何选用取决于询问对象的年龄：问小孩用①，问小孩、年轻人用②，问老人用③。③中用“您”也是为了表达尊重、礼貌。

## 二、语法教学的步骤与方法技巧

语法教学主要是围绕语法点的结构形式、语义、语用三个方面展开。对于课堂教学来说，语法教学的主要任务是解决教材中所列的语法点。一般来说，初级阶段每课都会安排两三个语法点。语法点教学具体可分为四个步骤：展示语法点、讲解归纳语法点、操练语法点、活用语法点。

### （一）展示语法点

展示语法点就是把语法点使用的典型语境以真实自然的方式展示出来，配合典型例句，让学生体会句子的意思，了解它的形式和语用特征。语法点的展示是语法教学的第一步。展示语法点有以下几种方法：

#### 1. 图片法

借助图片，在教师的引导下，导出目标句。

【案例1】

**语法点:表存在的"有"字句**

教师用 PPT 展示图片。

教师:房间里有什么?

引导学生说出目标句并在 PPT 上强调显示:

学生1:房间里有一张床。

学生2:房间里有两把椅子。

学生3:房间里有一个柜子。

注意:学生回答问题时,很可能会遗漏数量词,教师要及时提醒,并引导给出正确的句子。

【案例2】

**语法点:连动句**

教师用 PPT 展示一架飞机的图片。

教师:你怎么回国?

引导学生说出目标句并在 PPT 上强调显示:

学生1:我坐飞机回国。

教师用 PPT 展示一辆出租车的图片。

教师:你怎么去飞机场?

引导学生说出目标句并在 PPT 上强调显示:

学生 2:我坐出租车(打的)去飞机场。

教师用 PPT 展示一个人走路的图片。

教师:你每天怎么来教室?

引导学生说出目标句并在 PPT 上强调显示:

学生 3:我每天走路来教室。

### 2. 动作演示法

教师利用身体语言导出目标句。

**【案例 3】**

**语法点:"把"字句**

教师手拿一本书,把书慢慢放在桌子上。

教师:现在书在哪儿?

学生:现在书在桌子上。

教师:刚才呢?

学生:刚才书在老师手里。

教师:为什么变了?(教师做"放"的动作,提醒学生)

学生:因为老师"放"书了。

教师:刚才书在老师手里,老师放书以后,书在桌子上了。这个意思用汉语怎么说?

引导学生说出目标句并在 PPT 上强调显示:

老师把书放在桌子上了。

**【案例 4】**

**语法点:趋向补语**

教师打开门,让一位学生到教室外边去。

教师:×××呢?

引导学生说出目标句并在 PPT 上强调显示:

①他出去了。

教师请那个学生进教室。

教师:现在呢?

引导学生说出目标句并在 PPT 上强调显示:

②他进来了。

### 3. 情境法

教师利用某个情境,通过情境导出目标句。情境可以是自然情境,也可以是教师设置的情境。

**【案例 5】**

**语法点:表示状态持续的助词"着"**

教师:同学们看,教室的门怎么样? 用"着"怎么说?

引导学生说出目标句并在 PPT 上强调显示:

①教室的门开着。

教师:教室的灯怎么样?

引导学生说出目标句并在 PPT 上强调显示:

②教室的灯关着。

教师:同学们怎么样? 老师怎么样?

引导学生说出目标句并在 PPT 上强调显示:

③同学们坐着,老师站着。

【案例6】[①]

**语法点:用“吧”的一般疑问句**

教师:你想知道你的朋友最近忙还是不忙,你怎么问?

学生:你最近忙吗?

教师:怎么回答?

学生:很忙/不忙。

教师:要是最近你给你朋友打电话,他常常不在家。你觉得他可能很忙,你问的时候可以说:“你最近很忙吧?”

板书例句:你最近很忙吧?

教师:如果他真的很忙,他可以说“很忙”,也可以说“对”,意思是你说的是对的。如果不忙,可以回答“不忙”,一般不说“不对”。

补充板书:

A:你最近很忙吧?

B:很忙(对)/不忙。

### 4. 以旧带新法

利用已学过的语法知识带出新的语法点的目标句。

【案例7】

**语法点:用“吗”的疑问句和“是”字句的否定形式**

背景:“是”字句的肯定形式已经学习过。

教师:我是老师,你是老师吗?

学生:我不是老师。

① 案例选自朱文文、苏英霞、郭晓麟、吴春仙、王蕾:《国际汉语教学语法教学方法与技巧》,北京语言大学出版社,2015,第71页。

在 PPT 上强调显示目标句:

①A:你是老师吗?

B:我不是老师。

教师:我是中国人,你是中国人吗?

学生:我不是中国人。

在 PPT 上强调显示目标句:

②A:你是中国人吗?

B:我不是中国人。

### 【案例 8】

**语法点:A 比 B+形容词+一点儿/得多(多了)**

背景:"A 比 B+形容词"已经学习过。

教师在 PPT 上展示香蕉、苹果、桃子的图片,图片上标明价格。

教师:香蕉 4 块钱一斤,苹果 5 块钱一斤,桃子 10 块钱一斤。请同学们用学过的语法"A 比 B+形容词"说句子。

学生:香蕉比苹果便宜;苹果比香蕉贵。

香蕉比桃子便宜;桃子比香蕉贵。

苹果比桃子便宜;桃子比苹果贵。

在 PPT 上显示目标句:

①香蕉比苹果便宜。

②香蕉比桃子便宜。

教师:香蕉比苹果便宜多少钱?

学生:1 块钱。

教师:你们觉得 1 块钱多还是少?

学生:少。

教师:如果觉得 1 块钱很少,可以说"香蕉比苹果便宜一点儿"。

在 PPT 上强调显示目标句:

③香蕉比苹果便宜一点儿。

教师:香蕉比桃子便宜多少钱?

学生:6 块钱。

教师:你们觉得 6 块钱多还是少?

学生:多。

教师:如果觉得 6 块钱很多,可以说“香蕉比桃子便宜得多”或者“香蕉比桃子便宜多了”。

在 PPT 上强调显示目标句:

④香蕉比桃子便宜得多(多了)。

### 5. 对比法

通过对比方式导出目标句。对比可以是汉汉对比,也可以是汉外对比。

【案例 9】

**语法点:是……的**

教师:在小学校门口,一位老爷爷和一个小学生在聊天。下面是他们的对话……

老爷爷:小朋友,你什么时候小学毕业?

小朋友:我明年小学毕业。老爷爷,您是什么时候小学毕业的?

老爷爷:我是五十年前小学毕业的。

教师:小朋友现在小学毕业了吗?

学生:没有。

教师:他什么时候小学毕业?

学生:明年。

教师:老爷爷现在小学毕业了吗?

学生:毕业了。

教师:是的。老爷爷年纪很大了,一定很早就小学毕业了。如果知道老爷爷已经小学毕业，还想了解他什么时候毕业，可以问“您是什么时候小学毕业的”，回答也要用“是……的”。

在 PPT 上强调显示目标句：

A：你是什么时候小学毕业的？

B：我是五十年前小学毕业的。

### 【案例 10】

**语法点：V+得+了/V+不+了**

教师在 PPT 上展示图片[①]。

教师：桌子上有什么？

学生：桌子上有很多水果。

教师：左边的女孩能不能吃水果？

学生：不能。

教师：为什么？

学生：因为她牙疼，不能吃甜的东西。

① 图片选自《成功之路·顺利篇 2》第 139 页。

教师:对。“我牙疼,吃不了甜的”句子中的“吃不了”,意思是“不能吃”。

在 PPT 上强调显示目标句:

①我牙疼,吃不了甜的。(吃不了=不能吃)

教师:右边的女孩能吃水果吗?

学生:能。

教师:那她为什么也有点儿不高兴呢?

学生:因为水果太多了,她一个人吃不完。

教师:非常好。“我一个人吃不了这么多水果”句子中的“吃不了”,意思是“吃不完”。

在 PPT 上强调显示目标句:

②我一个人吃不了这么多水果。(吃不了=吃不完)

教师:“吃不了”是否定形式,肯定形式是“吃得了”。肯定形式很少单独使用,常用来提出问题或者回答问题。比如:

在 PPT 上强调显示目标句:

③A:你一个人吃得了这么多水果吗?

B:吃得了。

## 【案例 11】

**语法点:量词(张、本、个、支)**

教师在 PPT 上展示带英文注释的图片。

教师:同学们看第一张图片,"a newspaper"汉语怎么说?

学生:一报纸。

教师:不对。应该说"一张报纸"。

在"a newspaper"下面对应位置显示"一张报纸","张"标红强调。

教师:"报纸"我们用"张",书用什么呢?

学生:书用"本"。

教师:好。第二张图片怎么说?

学生:二本书。

教师:不对,应该说"两本书"。

在"two books"下面对应位置显示"两本书",并标红"本",标蓝"两",以提醒注意。

教师:第三张图片怎么说?

学生:四个本子。

教师:对了。

在"four exercise books"下面对应位置显示"四个本子","个"标红强调。

教师:第四张图片怎么说?

学生:五支笔。

教师:非常好!

在"five pens"下面对应位置显示"五支笔","支"标红强调。

### (二)讲解归纳语法点

通过展示语法点步骤,学生对语法点已经有了感性认识。讲解归纳语法点是在此基础上,结合目标句对语法点进行形式、意义和功能方面的解释和说明,并归纳出便于理解和记忆的公式、图表等。

## 【案例 12】

### 语法点:量词(张、本、个、支)

在案例 11 展示语法点的基础上,教师进行讲解归纳。

教师:跟英语不同,汉语数词和名词之间要用量词。

在 PPT 上强调显示:

数词+量词+名词

教师:"报纸、地图、桌子"等词前面要用"张","书、词典"等词前面要用"本","本子、柜子"等词前面要用"个","笔"前面要用"支"。如果数字是 2,应该写汉字"两",读"liǎng"。

## 【案例 13】

### 语法点:表示存在的"有"字句

把案例 1 中的三个目标句做成表格,先显示前三个目标句。

| | | |
|---|---|---|
| 房间里 | 有 | 一张床 |
| 房间里 | 有 | 两把椅子 |
| 房间里 | 有 | 一个柜子 |
| 房间里 | 有 | 二十个学生 |
| Place/Direction NP | 有 | Person/Thing Existing |

教师:上边的句子有几个部分?

学生:三个部分。

教师:第一个部分"房间里"表示什么?

学生:表示一个地方。

教师:对。

教师操作 PPT,在表格里第五行显示"Place/Direction NP"。

教师:第二部分是什么?

学生:“有”。

教师操作 PPT,在表格里第五行显示“有”。

教师:第三部分“一张床”“两把椅子”“一个柜子”表示什么?

学生:表示东西(事物)。

教师:对,第三部分表示教室里存在的东西。教室里也可以有人,所以这个部分也可以是表示人的名词。比如可以说“教室里有二十个学生”。

教师操作 PPT,在第四行显示例句4并在第五行显示“Person/Thing Existing”。

教师:大家请注意,第三部分表示存在的人或事物前边必须有数量词。(为了强调,把数量词部分进行标示)“有”字句的否定形式是在“有”的前边加上“没”,同时去掉第三部分的数量词。比如可以说“房间里没有床”“房间里没有学生”。疑问形式也不能用数量词。比如可以说“房间里有床吗?”“房间里有没有学生?”好了,今天我们学习的“有”字句可以归纳为:(PPT 显示)

疑问形式:

(1)Place/Direction NP+有+Person/Thing Existing+吗?

(没有数量词)

(2)Place/Direction NP+有没有+Person/Thing Existing?

(没有数量词)

肯定形式:Place/Direction NP+有+Person/Thing Existing。

(有数量词)

否定形式:Place/Direction NP+没有+Person/Thing Existing。

(没有数量词)

### （三）操练语法点

操练语法点的重点是训练对语法点形式和意义的掌握。常用方法有以下几种：

#### 1. 替换法

**【案例 14】**

**语法点：时间表达法**

A：现在几点？

B：现在8：00。

| | | |
|---|---|---|
| 1：05 | 2：40 | 3：30 |
| 7：15 | 10：55 | 12：10 |

**【案例 15】**

**语法点：主谓谓语句**

我头疼。

| | |
|---|---|
| 嗓子 | 疼 |
| 身体 | 很好 |
| 头 | 有点儿热 |

### 2. 组句法

**【案例16】**

**语法点:主谓句**

中文　学习　我们→

中国人　我　是　不→

### 3. 句式变换

**【案例17】**

**语法点:反问句"不是……吗?"**

把下面的反问句变成陈述句。

①你不是中国人吗?

②这个词我们不是学过吗?

③你不是不来吗?

④小明不是不喜欢运动吗?

### 4. 填空法

**【案例18】**

**语法点:"就"和"才"**

用"就"或"才"填空。

①我平时六点半____起床了。今天星期六,我八点____起床。

②超市离学校不远,走路十五分钟____到了。

③你怎么现在____来,电影快结束了。

④昨天作业特别多,我做了一个小时____做完。

## 5. 完成句子（对话）

**【案例 19】**

**语法点：因为……所以……**

因为今天天气不好，________________。（所以）

**【案例 20】**

**语法点：日期表达法**

A：________________？

B：今天 12 月 5 号。

## 6. 看图片说句子

**【案例 21】**

**语法点：表示变化的"了"字句**

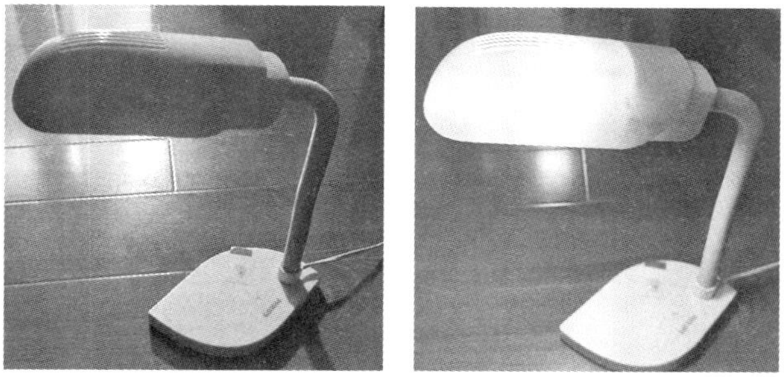

①________________________________。

②＿＿＿＿＿＿＿＿＿＿＿＿＿＿＿＿＿＿＿＿＿＿＿＿＿＿＿＿＿＿。

③＿＿＿＿＿＿＿＿＿＿＿＿＿＿＿＿＿＿＿＿＿＿＿＿＿＿＿＿＿＿。

2022年6月
年 月 周 日 日程
日 一 二 三 四 五 六
29 廿九 30 五月 31 初二 1 儿童节 2 初四 3 端午节 4 初六
5 初七 6 芒种 7 初九 8 初十 9 十一 10 十二 11 十三
12 十四 13 十五 14 十六 15 十七 16 十八 17 十九 18 二十
19 父亲节 20 廿二 21 夏至 22 廿四 23 廿五 24 廿六 25 廿七
26 廿八 27 廿九 28 三十 29 六月 30 初二 1 建党节 2 初四

④＿＿＿＿＿＿＿＿＿＿＿＿＿＿＿＿＿＿＿＿＿＿＿＿＿＿＿＿＿＿。

### （四）活用语法点

活用语法点重点训练在一定的语境中对语法点的运用。常用练习形式有以下几种：

**1. 根据实际情况回答问题**

**【案例22】**

**语法点：动量和时量补语**

①你去过北京吗？你去过几次？

②昨天你读课文了吗？你读了几遍？

③昨天你预习新课了没有？你预习了多长时间？

④你常看电视吗？昨天你看了多长时间？

⑤你喜欢听音乐吗？你每天听多长时间？

**2. 教师提供语境，引导学生表述**

**【案例23】**

**语法点：趋向补语**

①你在马路边等一个朋友，看见马路对面的朋友，你怎么叫他？

②你和朋友在公交车站等了好长时间，他们刚想离开去坐出租车，你看见公交车来了，你如何对朋友说？

③外面下雪了，你的朋友来找你，你怎么说？

④你的一个同学生病住在医院里，你想跟其他几个同学去看他，你跟同学们怎么说？

## 3. 看图说话

### 【案例24】[1]

**语法点：可能补语**

两人一组，补足图片内容，说故事。（要求：尽量用含可能补语的表达形式）

① 案例选自邱军：《成功之路·顺利篇2》第22课，北京语言大学出版社，2008，第143页。

**【案例25】**①

**语法点:"V+着"**

根据提示,用"V+着"结构看图说话。

(提示词:这是安妮和美爱的宿舍,窗户……,电视……,她们的合影……,书和词典……,美爱……,安妮……,她们一边……一边……)

**4. 小组活动**

**【案例26】**

**语法点:过**

3~4人一组,说说自己以前的经历。例如:我在中国人家里做过客,吃过月饼。

① 案例选自邱军:《成功之路·顺利篇2》第16课,北京语言大学出版社,2008,第47页。

【案例27】

**语法点:“把”字句**

圣诞节就要到了,全班同学准备在教室里开一个圣诞晚会。3～4人一组,商量一下要做哪些准备。

**5. 采访调查**

【案例28】

**语法点:“想”和“要”**

用“想”和“要”采访五个朋友,问一下他们周末有什么打算并记录下来,上课时进行小组汇报。

| 你的采访问题 | 被采访人 | 采访答案 |
|---|---|---|
| | | |
| | | |
| | | |
| | | |
| | | |

## 三、语法教学应注意的问题

### (一)语法教学要特别关注语用方面

以往语法教学比较关注结构形式和意义教学,对语用方面关注不够,从而导致出现一些语用问题,有些较难的语法还会出现回避使用问题。比如“把”字句，学生知道“把”字句的构造，也明白单个“把”字句的意义，但主动使用的人不多，因为不清楚其语用条件，一用就错。语法教学的目的在于语言运用，如果不会用，不敢用，语法教学也就失去了价值。

### （二）语法点的展示要简洁自然、生动直观

语法点的展示有不同的方法，但具体到某一个语法点要具体问题具体分析，根据语法点和教学对象的特点进行设计。总的来说，语法点的展示要简洁自然、生动直观，给人留下深刻印象。

### （三）语法点的讲解要有针对性

语法点的讲解要结合目标句，要在目标句的基础上进行。讲解要精练，深入浅出。语法点的讲解和归纳不是教师一个人唱独角戏，而是在教师的启发引导下，师生共同协商完成。在此过程中，要注意培养学生观察问题、发现问题和解决问题的能力。另外，语言点的讲解不一定形式、意义、功能面面俱到，要根据语法点的特点有重点地去强调。

### （四）语法点的操练要有层次

语法点的操练要有层次，从易到难，从机械性操练到有意义操练。机械性操练是基础，解决熟巧性的问题；有意义操练是目的，解决交际性、实用性的问题。要达到有层次操练的要求，至少要满足两个条件：一个是练习题的数量要足够多；另一个是练习题的类型要多样，难度要拉开档次。

## 四、案例学习与研讨

### 语法点：主谓谓语句

#### （一）展示语法点

教师利用图片引导展示主谓谓语句使用的典型语境，导出目标例句。

教师出示一张姚明的照片。

教师：他是谁？

学生：他是姚明。

教师：姚明高不高？

学生：很高。

教师：对，姚明个子很高。（教师适时补充小主语，并重读强调"个子"，为下一步学习埋下伏笔）跟我说，姚明个子很高。

学生：姚明个子很高。

教师出示一个人手捂肚子的照片。

教师：他怎么了？

学生 1：他肚子疼。

学生 2：他肚子不舒服。

教师：（示意全班学生跟说目标句）他肚子疼。

学生：他肚子疼。

教师：他肚子不舒服。

学生：他肚子不舒服。

教师出示哈尔滨的冬天冰天雪地的照片。

教师：哈尔滨的冬天怎么样？

学生：哈尔滨的冬天非常冷。

教师:(示意学生跟说目标句)哈尔滨的冬天非常冷。
学生:哈尔滨的冬天非常冷。

### (二)讲解归纳语法点

#### 1. 展示目标例句

PPT 展示下面表格,逐个显示例句,学生认读句子。

| 主语 1 | 谓语 1 | |
|---|---|---|
| | 主语 2 | 谓语 2 |
| 姚明 | 个子 | 很高 |
| 他 | 肚子 | 疼(不舒服) |
| 哈尔滨 | 冬天 | 非常冷 |

#### 2. 讲解语法点

例句中的“姚明、他、哈尔滨”分别是三个句子的主语,一般叫“主语 1”或者“大主语”。“个子很高、肚子疼(不舒服)、冬天非常冷”分别是三个句子的谓语,一般叫“谓语 1”或者“大谓语”。从结构上来说,谓语是一个主谓短语。例如“个子很高”中,“个子”是主语,一般叫“主语 2”或者“小主语”。“很高”是谓语,一般叫“谓语 2”或者“小谓语”。从意义上看,谓语是对主语进行描写和说明的。例如“个子很高”是对“姚明”进行描写的,“很高”又是对“个子”进行描写的。大主语和小主语之间有领属关系,例如,我们可以说“姚明的个子”“他的肚子”“哈尔滨的冬天”。

#### 3. 归纳语法点

在教师带领下,师生一起对语法点进行归纳。
教师:大家看一下表格中的句子,它们有几个部分?
学生:三个部分。

教师:第一部分是什么?

学生:主语1。

教师:第二部分是什么?

学生:主语2。

教师:第三部分呢?

学生:谓语2。

教师:大家观察一下,谓语2有什么特点?

学生1:有形容词。

教师:非常好。“高、疼、舒服、冷”都是形容词。形容词前有什么?

学生2:有“很、不、非常”。

教师:对。这些词都是副词。“很、非常”用于肯定句,“不”用于否定句。主谓谓语句可以归纳为:

主语1+主语2+很/不+形容词(PPT显示)

(三)操练语法点

**1. 用所给词语完成句子**

(1)留学生　很　我们学校　多

(2)身材　特别　她　苗条

(3)有点儿　你　红　眼睛　今天

(4)热　家乡　夏天　我　不　的

(5)怎么样　这　饭馆儿　环境　家

**2. 根据实际情况用主谓谓语句回答问题**

(1)今天天气怎么样?

(2)你今天心情怎么样?

(3)你身体怎么样?

(4)你的国家冬天冷吗?

(5)你觉得汉语怎么样?

(6)你觉得你们的老师怎么样?

### （四）活用语法点

研讨一：你的同学今天没来上课，因为他得了重感冒，在房间休息。下课以后你要去看望他。想一想，你会跟他聊一些什么问题？两人一组，模拟上述情境，说一说。

研讨二：小明快30岁了，各方面条件都不错，但至今还单身。因为他择偶标准很高，外貌、年龄、性格、爱好、工作、收入、家庭等方面都有要求。现在你正好有一个好朋友比较合适，快给小明介绍一下吧！两人一组，编写对话并进行表演。

研讨三：用主谓谓语句描述一下你的家乡。

## 思考与讨论[①]

1. 下面是一个关于语法点展示的案例。仔细阅读并说一说其中的优点和不足。

**语法点：比较句**

教师：大家看看我的鞋子，你们猜猜多少钱？

学生：120块、200块、250块……

教师：不对，是150块。再看看我的衣服，你们猜猜多少钱？

学生：200块。

教师：不对，再猜猜。

学生：300块。

教师：也不对，是100块。现在你们说说是衣服贵还是鞋贵？

学生：鞋贵。

教师：用“比”怎么说呢？（引导学生说出“鞋比衣服贵”。）

① 思考与讨论中的2、3、4案例均选自朱文文、苏英霞、郭晓麟、吴春仙、王蕾：《国际汉语教学语法教学方法与技巧》，北京语言大学出版社，2015，第92-101页。

2. 下面是一个关于语法点展示与讲解的案例，仔细阅读并说一说其中的优点和不足。

**语法点：虽然……但是……**

教师：今天我们要学的是“虽然……但是……”。我先来介绍一下它的用法。这是一个表示转折关系的复句，比如我们都喜欢旅行，但是有时候旅行太累，我们不喜欢太累，就可以说“虽然我很喜欢旅行，但是不喜欢太累”。在这个句子里，“我很喜欢旅行”与“不喜欢太累”就形成了转折关系。

3. 下面是一个关于语法点操练的案例，仔细阅读并说一说其中的优点和不足。

**语法点：是……的**

问题一：

教师：××同学，你跟你的爱人是在哪儿认识的？

学生：我们是在大学认识的。

教师：你们是怎么认识的？

学生：（回忆）我们……，我们见面……（内容不清楚，表达不连贯）

问题二：

教师：你们的签证是谁给你们的？

学生：是——（开始查词典）我们的签证是大使馆给我们的。

4. 选择一个语法点进行具体的教学设计。

第四章

# 汉字怎么教

汉字是表意文字,不同于西方的拼音文字。如果问留学生:学中文什么最难?恐怕绝大部分学生都会回答——汉字。汉字的“难”表现在两个方面:难认读、难书写。大部分汉字只看字形无法推知它的读音,况且有些汉字还有不同的读音。汉字数量繁多,结构复杂,既难书写,又难记忆。那么,对于中文教师来说,怎么解决两难问题,教好汉字呢?

## 一、汉字教学的内容

《国际中文教育中文水平等级标准》规定:达到初等三级水平的中文学习者需要掌握900个汉字,达到中等六级水平的中文学习者需要掌握1800个汉字,达到高等九级水平的中文学习者需要掌握3000个汉字。等级标准为国际中文教育汉字教学的内容划定了范围。

系统学习汉字是初级阶段前期的重要任务,教学内容包括笔画、笔顺、部件、偏旁、独体字、合体字等。

（一）笔画

笔画是构成汉字最基本的单位。从落笔到抬笔即为一笔，又叫一画，合称笔画。汉字的基本笔画有“横、竖、撇、捺、点、提”六种，复合笔画有二十多个。

（二）笔顺

书写汉字笔画时有一定的先后顺序，即笔顺。笔顺是否正确，关系书写汉字的速度和字形的好坏。汉字的笔顺规则主要有：

先横后竖：十、丰、干

先撇后捺：人、八、木

从左到右：明、他、们

从上到下：云、多、言

从外到内：月、风、同

从外到内再封口：日、田、国

从中间到两边：小、办、水

（三）部件

部件是由笔画组成的具有组配汉字功能的构字单位。如“木”由一个部件组成；“楼”由三个部件组成，其中“木、米、女”都是可以独立成字的；“谢”也由三个部件组成，其中“身、寸”是可以独立成字的，“讠”不能单独成字。部件有大有小，最小的不能再拆分的部件叫基础部件。“楼”的三个部件“木、米、女”都是基础部件。“楼”也可以分为两个部件“木”和“娄”，其中“娄”不是基础部件，因为它不是最小的部件，它是可以再拆分的。

### （四）独体字

独体字是由一个基础部件构成的汉字。六书[①]中的象形字和指事字大都是独体字。如“人、手、口、山、水、木”等都是独体的象形字，“天、立、上、下”等都是独体的指事字。

### （五）合体字

合体字是由两个或两个以上的基础部件构成的汉字。六书中的会意字、形声字都是合体字。如“休、甜、从、森、磊”等是会意类的合体字，“杖、枪、们、河、湖”等是形声类的合体字。合体字的结构主要有：

左右结构：好、林、楼
左中右结构：谢、做、谁
上下结构：是、笔、您
上中下结构：意、草、赢
两面包围结构：有、老、这、起、习、司
三面包围结构：问、周、用
四面包围结构：图、四、围

### （六）偏旁

传统汉字学把合体字的左部称为“偏”，右部称为“旁”。现在习惯上把合体字的左右、上下、内外各个部分都称为偏旁。偏旁是对合体字表义、表音部分的分析，表义的部分是形旁，表音的部分是声旁。如“休、尖、看”，这些汉字的两个部分都表示意义，都是形旁；“湖、想、固”中的“氵、心、囗”表示意义，是形旁，“胡、相、古”表示读音，是声旁。

---

① 古人分析汉字而归纳出来的六种构成方式，即指事、象形、形声、会意、转注、假借。

偏旁跟部件既有联系又有区别。偏旁表音或者表义，部件可以表音或者表义，也可以不表音义，如“想”有两个偏旁，“相”是声旁，表音，“心”是形旁，表义；“想”有三个基础部件，其中“心”表义，“木”和“目”既不表音，也不表义。偏旁采用两分法，部件可大可小，可以多分，如“湖”可以分为两个部件“氵、胡”，也可以分为三个部件“氵、古、月”，还可以分为四个部件“氵、十、口、月”，具体怎么分，要根据教学目的具体安排。

## 二、汉字教学的方法与技巧

### （一）笔画教学

笔画教学常用方法：

（1）由易到难，先教基本笔画，再教复合笔画。

（2）识记笔画与书写笔画相结合。

（3）笔画教学与常用汉字教学相结合，活学活用。

【案例1】

**教学“横、竖、撇、捺、点”和“一、二、三、十、六”**①

教师：（逐一展示笔画卡片，领读笔画名称）横、竖、撇、捺、点。

学生：横、竖、撇、捺、点。

教师：（把笔画卡片贴在黑板上，用手指逐个描画这些笔画，动作要慢）横、竖、撇、捺、点。

学生：横、竖、撇、捺、点。

教师：（背对学生，示意学生跟随教师抬起手臂，用手臂在空中写基本笔画，动作要尽量夸张）横、竖、撇、捺、点。

① 案例选自王秀荣:《国际汉语教师汉字教学手册》，高等教育出版社，2017，第32页。

学生:(跟读,并一起做动作)横、竖、撇、捺、点。

教师:(用手臂在空中写“横”)这是……?

学生:这是横。

教师:(用手臂在空中写“撇”)这是……?

学生:这是撇。

……

教师:现在我说,你们写。横——

学生:(用手臂在空中写“横”)

……

教师:(逐个出示“一、二、三”的汉字卡片,同时用手在空中书写这几个汉字)一、二、三。

学生:一、二、三。

教师:(把卡片贴在黑板上,给出拼音,并领读)一、二、三。

学生:(跟读)一、二、三。

……

教师:(拿“六”的汉字卡片走到一个学生面前)横。

学生1:(用手在卡片上找到并画出横)横。

教师:(拿“十”的汉字卡片走到另一个学生面前)竖。

学生2:(用手在卡片上找到并画出竖)竖。

……

(学生掌握这几个汉字以后)

教师:(出示“一”的汉字卡片,一边在空中写一边说)横——一。

学生:横——一。

教师:(出示“二”的汉字卡片,一边在空中写一边说)横——横——二。

学生:横——横——二。

教师:(出示卡片“三”,示意学生说)

学生：横——横——横——三。

……

最后，教师让学生进行描红练习。教师给学生包含"横、竖、撇、捺、点"的汉字，让学生描红指定的笔画。

### （二）偏旁教学

偏旁教学常用方法：

（1）借助独体字教授偏旁的意义。

（2）偏旁教学与常用汉字相结合，学习一个偏旁，带出一串汉字。

（3）字不离词。学习汉字的目的是运用，能够自由运用的最小语言单位是词，所以学习汉字要与组词结合起来。

【案例2】

**教学"人字头"**①

教师：（PPT展示汉字"全"）怎么读？

学生：全。

教师：这个汉字是什么结构？左右？上下？

学生：上下。

教师：上边是什么字？

学生：人。

教师："人"在汉字的上边读作"人字头"。跟我说，人字头。"人"在汉字的左边，怎么写？（第一课已经学过"单人旁"，现在进行复习。请一举手的学生到黑板上书写）怎么读？

学生：单人旁。

① 邱军：《成功之路·起步篇1》第3课，北京语言大学出版社，2008，第24页。

教师：你们知道什么“单人旁”的汉字？

学生：你、们、他、什、做。

教师：你们知道什么“人字头”的汉字？

学生：“今天”的“今”。（如果学生不知道，教师可提前介绍，“今天”是第6课的生词）

教师：请同学们用“你、们、他、什、做、全、今”组词语。

学生：你们、他们、什么、做什么工作、全家、全国、今天。

### （三）整字教学

整字指的是一个完整的汉字，包括象形字、指事字、会意字和形声字。象形字是描写客观事物形象的字，按照具体事物的样子，画成跟它相似的图形，如“日、月、人、手、牛、羊、门、车”等；指事字是用象征性符号或在象形字上加提示性符号造出来的字，如“一、二、上、下、甘、母、本、末”等；会意字是用两个或两个以上的独体字根据意义之间的关系合成的字，如“明、休、武、看、采、安”等；形声字是由表示意义的形旁和表示读音的声旁组成的字，如“晴、剃、爸、袋、固、闻”等。整字教学时可以利用各种字的构造特点。

一般来说，一个汉字包括形、音、义三个方面。教学汉字通常分为展示汉字、认读汉字、讲解汉字和练习汉字四个基本步骤。

#### 1. 展示汉字

展示汉字可以使用PPT静态或动态展示、板书展示、卡片展示等。展示内容包括字形和字音。字形展示最好能够让学生直观看到汉字的书写过程，从而了解汉字的笔顺及笔画的运笔方向。字音用汉语拼音来展示。

#### 2. 认读汉字

认读汉字可以采用教师领读学生跟读、集体认读、个别认读等方式。

### 3. 讲解汉字

讲解汉字的重点是要讲清汉字的意义和用法。

(1)讲解意义

讲解意义要根据汉字的类型特点选择合适的方法。

讲解象形字可以借助图片和古文字,因为象形字大都具有形象性,借助图片和古文字讲解象形字,可以很方便地让学生了解字义,记住字形。

讲解指示字可以以象形字为基础,对指示字的字义进行想象推断。例如,学习了象形字"木",再学习指示字"本""末"时,教师就可以告诉学生"木"下方加上的一横,表示树木的根部,所以"本"的意思是"事物的根本、根源",是很重要的部分。中国文化非常重视"本",常常用"以人为本""不要忘本"互相提醒。"木"上方加上的一横,表示树木的顶部,即树梢。所以"末"的意思跟"本"相反,指事物不太重要的部分,也有"最后、末尾"的意思。"周末""末班车"中的"末"就是这个意思。

讲解会意字可以从字源入手,利用造字的理据,通过对会意字结构的分析,推出汉字的意义。例如,"家"字由一个宝盖头和"豕"字组成,宝盖头是房屋的意思,"豕"的意思相当于"猪",房子里面有猪,表示定居,引申为家庭;"信"字由单人旁和"言"字组成,两部分合在一起表示人说出来的话应该真实、诚实,引申为信任、相信。

讲解形声字要分析形声字内部组成,由形旁推出义类,由声旁找出读音。例如,"踩"字由足字旁和"采"字组成,足字旁表示"踩"字的意思跟脚有关;"采"是声旁,表示"踩"字的读音;"娶"字由"取"字和"女"字组成,"女"是形旁,表示"娶"字的意思跟女人有关;"取"既是声旁也是形旁,它既表示"娶"字的读音,也反映远古时代劫女为妻的抢亲风俗。后来引申为男子迎娶新娘。

由于汉字几千年来的演变,现在相当一部分会意字很难用传统的方法进行分析,很多形声字的声旁已经不能准确表音,所以传统的解字法可以作为一个工具，辅助学生学习汉字，但是不能字字都要求进行分析。

（2）讲解用法

讲解用法要结合组词和造句，“字不离词，词不离句”。大部分汉字都具有多个意思，只有当汉字进入词、句，它的意义才能确定，所以汉字讲解要结合当课出现的词语及句子。

### 4. 练习汉字

汉字是形、音、义的结合体，练习汉字可以侧重于其中某一个方面，也可以结合起来进行练习。

（1）字音练习

字音练习通常跟字形相结合。常用形式有：给汉字注音，汉字拼音连线，给 A 组 B 组发音相同的汉字连线，找读音相同的汉字，朗读汉字、生词和句子等。

（2）字形练习

字形练习可以练习汉字的笔画、结构、部件以及整字，分为识记练习和书写练习。识记练习常用形式有：数汉字笔画，说出汉字笔画名称，找相同笔画数或指定笔画的汉字，画出汉字的结构图，按照结构图给汉字归类，找结构类型相同的汉字，拆汉字并说出汉字的部件，找出有相同部件的汉字，找 A 组 B 组相同的汉字，在一段文字中找同一个汉字出现的次数等；书写练习常用形式有：描出指定笔画、部件或整字，按照结构图写汉字，给出部件写出含有它的汉字，听写汉字等。

（3）综合练习

综合练习常用形式有：用所给汉字组词，选择汉字填空，汉字改错，猜字等游戏。

【案例3】

### 教学“山、水、日、月”

教师:(一边用PPT展示“山”的图片,一边说)山。

学生:山。

教师:(一边用PPT展示“山”的古文字演变的图片,一边手指三个古字说)山、山、山。

学生:山、山、山。

教师:(PPT展示汉字“山”)山。

学生:山。

教师:(播放“山”字的书写视频,跟随视频说)竖、竖折、竖。

学生:竖、竖折、竖。

教师:(示意学生举起右手,伸出食指,边比画,边说)竖、竖折、竖。

学生:竖、竖折、竖。

教授完“山”字以后,教师用相同的方法教授“水、日、月”三个汉字。

最后,教师用PPT展示四张图片和四个汉字,让学生进行连线练习,然后逐一认读四个汉字。

【案例4】

### 教学“大、天”

教师:(用PPT展示汉字“大”,领读)大。

学生:大。

教师:(一边用PPT展示“大”的古文字图片,一边说)大。

学生:大。

教师:(指着古文字图片)猜一猜这个图片是什么意思?

学生:……

教师:(面对学生立正,往左右两边平伸双臂,表演)你们看,现在我表演的就是图片中的汉字,“大”字的古文字表示的是一个人正面站立,伸开手臂的样子,所以汉字“大”的意思是指人。为什么要用人的形象表示大的意思呢?因为中国人认为世界上人是最重要的,是最伟大的。(播放“大”字的书写视频,跟随视频说)横、撇、捺。

学生:横、撇、捺。

教师:(示意学生举起右手,伸出食指,边比画,边说)横、撇、捺。

学生:横、撇、捺。

教师:(用 PPT 展示汉字“天”,领读)天。

学生:天。

教师:(遮挡“天”字的上边一横)这是什么汉字?

学生:大。

教师:“大”的意思是人,“大”上面加一横表示人的头,人的头顶上是天空。(举起右手,伸出食指)跟我写。横、横、撇、捺。

学生:横、横、撇、捺。

最后,教师快速出示“人、大、天”汉字卡片,让学生进行认读。

**【案例5】**

### 教学“好”

教师:(PPT 展示汉字“好”)跟我读,好。

学生:好。

教师:(手指汉字“好”)左边是什么字?

学生:女。

教师:右边呢?

学生:子。

教师：为什么用一个女人和一个孩子表示“好”的意思呢？古汉字“好”是一个女人和一个孩子的形象，意思是一个女人生了孩子。古人认为一个家庭生了孩子是最好的事情。

教师：（播放“好”字的书写视频，让学生认真观看）“好”字的左边跟以前学习的“女”一样吗？

学生：不一样。（如果学生没有发现区别，教师可在黑板上写出“女”，让学生观察）

教师：有什么不一样？

学生：“横”笔短。

教师：对了。独体字做偏旁时，写法可能有变化，大家要注意。现在请同学们拿出练习本，写五遍汉字。

【案例6】

### 教学“晴”

教师：（PPT展示汉字“晴”）跟我读，晴。

学生：晴。

教师：“晴”是什么结构？

学生：左右。

教师：左边、右边是什么字？

学生：左边是“日”，右边是“青”。

教师：“日”跟“晴”的意思有关系，“晴”的意思是有“日”，有“太阳”。“青”跟“晴”的读音有关系，这两个汉字声母、韵母相同，但声调不同。（PPT展示“睛、情、清、请”）请同学们猜猜这些汉字的意思跟什么有关系？

学生1：“睛”跟眼睛有关系。

教师：对。“目”字旁跟眼睛有关系，“睛”就是眼睛的意思。“情”的意思跟什么有关系呢？

学生2：“情”跟“心”有关系。

教师：对。竖心旁跟人的思想、心理活动有关系。有一个词叫“心情”。今天你们心情怎么样？

学生：我们心情很好。

教师：“清”的意思跟什么有关系呢？

学生3：“清”跟水有关系。

教师：对。三点水旁跟水有关系。“清”的本义是说水很清，很干净。“请”的意思跟什么有关系？

学生4：“请”跟语言有关系。

教师：对。言字旁跟语言关系。我们可以说“请进！请坐！请喝茶！”（带领学生认读汉字，提醒学生注意每个字的发音）晴、睛、情、清、请。

学生：晴、睛、情、清、请。

教师：想一想，你们的名字中有没有一部分表示意义，另一部分表示声音的汉字呢？（引导学生发现名字中的形声字）

## 三、汉字教学应注意的问题

### （一）处理好认读和书写的关系

汉字教学要注意音、形、义的结合，从认读和书写两个方面入手，最后要与“用”联系起来，“字不离词，词不离句”。初级阶段汉字教学要处理好认读与书写的关系，先认后写、多认少写，扩大识字量，加强阅读训练，为阅读课教学打好基础。

### （二）注意汉字的教学顺序

汉字教学顺序性很强，一般按照“笔画（简单笔画—复合笔画）—笔顺—构件、偏旁—独体字—合体字”的顺序，由小到大进行教学。有时会考虑教学的便捷性、难易度而进行适当调整。

### （三）利用好汉字的理据性

汉字教学要利用汉字的理据性，象形字、会意字、形声字都包含造字理据，利用得好可以事半功倍，既能够提高教学效率，又能够增强趣味性。当然，讲理据还要考虑学生的接受水平，要用学生听得懂的语言进行讲解。

### （四）视情使用教材

汉字教学要考虑所用的教材，因为不同教材汉字处理的方法不一样。有的教材"随文识字"，课文里出现什么句子，就给出相应的汉字，教材里没有设置单独的汉字教学板块。涉及汉字的教学只限于每课后边提供的汉字笔顺表和对已出现汉字的有限总结。对这类教材，教师要根据课时灵活增加汉字教学内容。有的教材"语文分开"，教材里设置单独的汉字教学板块，并且按照汉字规律系统安排教学内容。对这类教材教师可以直接使用。

## 四、案例学习与研讨

**联系旧知找规律**①

做法：

以生字"肠""贸"的教学为例。

教师先把"肠"写在黑板上，然后让学生回忆学过的带有"月"旁的汉字，教师分上下两行写出大家想出来的汉字，并适当补充如下：

脸　肚　腿　脚　肥　胖　肤　肌　肝　肢　胃　肩

明　朝　朗　期　望

① 案例选自周健：《汉语课堂教学技巧325例》，商务印书馆，2009，第90-91页。

再引导学生理解第一行“月”在左（下）边的是“肉月”，表示身体的一部分；第二行“月”在右（上）边的是“月亮”，表示月或时间。然后再问：“什么字含有‘肠’的右边部件？”学生可能说出“场、汤、杨、扬、畅、烫、荡”中的若干字。教师再引导学生猜“肠”的读音：一定含有韵母 ang。最后介绍“肠”关联的词语：肠子、肠炎、大肠、小肠、香肠、火腿肠。

再如生字“贸”，教师先问学生此字的结构，引导学生发现这个字是上下结构，即：贝+卯（mǎo），它是一个形声字。再问学过哪些字含有“贝”。学生会说出一些，加上教师补充的，都写在黑板上：

贵　费　责　资　赞　货　贺　贤（—肾）

购　财　账（—帐）贱　贼　贿　赂

其中穿插两组形近字“贤—肾”“账—帐”的辨析。最后教师通过介绍“贝”的古字形（贝壳的象形字），点明部首“贝”的含义：钱币，后来又引申指“宝贝”。

说明：

形声字的形旁和声旁分别存在表义和表音的系统，教授比较典型的形声字时，教师通过对已有知识的梳理，适当联系同形旁字和同声旁字，是一种高效的汉字教学方法。

目的：

温故知新，帮助学生加深对形声字表音表义结构的理解和感知，逐步建立大脑中的形声字的网络系统。

## 思考与讨论

1. 阅读下面的案例①,说一说对你有什么启发。

我有个学生非常刻苦,下课之后很勤奋地主动抄生词、抄课文,一抄就是二三十遍,抄得工工整整。但是我在课堂上却发现,他在写横的时候,是从右向左写的,写竖的时候是从下往上写的,写左右结构的汉字时往往也是从右向左写。比如“明”字,他先写“月”再写“日”,“月”字的那一撇,他会从下往上写。他的汉字书写习惯很明显受到了阿拉伯文书写习惯的影响。如果不在汉字课上观察,只看学生交上来的作业,根本不会发现任何问题。

2. 阅读下面的笑话,想一想书写汉字时应该注意什么。

一天,班里新来的老师给大家发作业本,她念到“黄肚皮”这个名字时,班里没有一个学生回答。这位老师又问:“黄肚皮,黄肚皮,谁叫黄肚皮?”还是没有人回答,于是她把这本作业本放到一边。等其他作业本都发完以后,一个同学站起来说:“老师,我没拿到作业本。”老师问:“你叫什么名字?”“我叫黄月坡!”

3. 请为一组独体字“木、本、末”设计一个教学方案。

4. “渴、喝”和“澡、燥、操、臊”这两组汉字都是形声字,因为字形相似,学生经常混淆。请你设计一个教学方案进行辨析。

5. 你知道哪些会意字? 选择一个或者一组设计教学方案并在小组中进行交流。

---

① 案例选自朱勇:《国际汉语教学案例与分析》,高等教育出版社,2015,第123页。

# 第五章

# 综合课怎么教

综合课是从语音、词汇、语法和汉字等语言要素和语言材料出发,结合相关的文化知识,对听、说、读、写等语言技能和语言交际技能进行综合训练的一门课程。根据不同的学习阶段,综合课可以分为初级综合课、中级综合课和高级综合课。不管在哪个阶段,综合课都是主干课程、核心课程,它的课时量最多,承担的教学任务最重。对于中文教师来说,怎么教好综合课呢?

## 一、综合课教学内容

综合课的教学内容主要包括语言知识、文化知识的传授,语言技能的训练和各种策略的培养。

### (一)语言知识

语言知识是语言综合运用能力的有机组成部分,是发展语言技能的重要基础。综合课语言知识的教学主要包括语音、汉字、词汇、语法、篇章等内容。语音、汉字知识大部分在初级综合课中进行教学;词汇、语法知识在综合课中均设有独立的教学环节进行教学;篇章知识在课文中进行教学。

### (二)文化知识

语言具有丰富的文化内涵。综合课文化知识的教学内容主要是对汉语词汇系统、语法系统、语用系统中体现出来的文化因素进行教学。这些文化因素比较零散,不具有体系性,它隐含在语言要素中,影响人们对语言的认知和理解,需要教师有意识地进行挖掘。文化因素教学区别于专项文化课教学,它不是集中地、大量地讲解文化知识,而是需要通过点拨、解释让学生了解语言背后的文化内涵,更好地学习中文。

### (三)语言技能

语言技能是语言综合运用能力的重要组成部分。综合课语言技能的教学内容包括听、说、读、写各单项技能和综合技能的训练。听、说、读、写技能训练既是综合课教学的内容,也是综合课的教学手段。通过对语言知识的充分操练,才能把语言知识转化成语言技能,最后达到综合运用的程度。综合课中的技能训练不是单独进行的,它贯穿于课堂教学的全过程,不同于听力课、口语课、阅读课、写作课等专项技能课中的技能训练。

### (四)策略

策略包括情感策略、学习策略、交际策略、资源策略和跨学科策略等。综合课策略的教学内容主要是培养学生中文学习的兴趣和信心;引导学生进行自主学习、合作学习,形成有效的学习策略;教会学生运用语言手段和非语言手段完成交际任务;帮助学生利用现代化手段获取学习资源等。

## 二、综合课教学的环节与方法技巧

综合课包括以下几个教学环节:组织教学、复习旧课、教学生词、教学语法、教学课文、总结和布置作业。

### （一）组织教学

组织教学常用的方式是师生问好，也可以采用班长或者值日学生向老师报告出勤情况的方式。此教学环节的目的是吸引学生注意，调整学生状态，迅速进入课堂教学模式。

### （二）复习旧课

复习旧课常常是复习前一次课的教学内容，也可以是复习前几次课或者是以前学过的但跟本次课相关的某一个教学内容。目的有三个：一是检查学生对已学内容的掌握情况；二是复习巩固已学内容；三是为新课学习做好铺垫。

常用的复习方法有听写、问答、朗读、任务汇报等。

### （三）教学生词

参考第二章。

### （四）教学语法

参考第三章。

### （五）教学课文

课文形式以对话体和叙述体居多。初级阶段以对话体为主，中高级阶段以叙述体为主。课文是特定语境下语言要素、语言功能、文化因素等的融合体，在这里，语音进入语流，词汇得以活用，句子进入交际状态，静态的语言要素变成了具有交际意义的话语。课文是语言技能和语言交际技能的训练场，在这里，可以运用课文提供的语言材料训练听、说、读、写各项技能，并为提高语言的交际能力提供基础。课文教学在综合课各教学环节中所占比重最大，是最为重要的一个环节。

课文教学一般分为五个步骤：导入课文、展示课文、讲解课文、操练课文和活用课文。

### 1. 导入课文

导入课文是教师根据教学内容、目的以及教学对象情况运用一定的方法引导学生进入课文内容学习的一种方式。导入的目的是吸引学生注意力，把学生思维带入课文，激发学生探索课文的兴趣。导入课文有以下几种方法：

(1) 利用已学知识导入课文

●利用生词导入

**【案例1】**

**《成功之路 · 顺利篇1》第3课课文2《我搬家了》**

“搬家”是课文中的重点生词，整个课文的内容是围绕这个词设计的。在讲练这个生词时，设计下面的问题进行操练：

①你搬过家吗？

②你现在想不想搬家，为什么？

操练完成以后顺势导入课文。

教师：马丁现在要搬家了，因为他觉得学校的宿舍房间太小，房租也不便宜。马丁的新家怎么样呢？我们一起去看看吧！

**【案例2】**

**《成功之路 · 顺利篇1》第4课课文2《还是你点菜吧》**

“点”是课文中的重点生词，生词扩展时重点扩展出“点菜”这个搭配形式。然后，对“点菜”进行问答式操练：

①你常常去饭馆吃饭吗？

②你一般怎么点菜？

③你喜欢点什么菜？

操练完成以后顺势导入课文。

教师：现在马丁和大卫在饭馆吃饭，我们一起看看他们点什么菜吧！

利用生词导入课文时，要注意提前调整生词的学习顺序，应该把要用的那个生词安排在生词环节的最后进行学习，方便课文导入。

●利用语法导入

【案例3】

**《成功之路·顺利篇1》第2课课文1《她买了不少工艺品》**

课文1的语法点是动态助词“了”，在语法环节设计“根据实际情况回答问题”类型的题目进行练习：

①上个周末你逛街了吗？你跟谁一起去的？

②你买了什么东西？

③你的朋友（同学）买了什么东西？

练习完成以后教师从现实导入课本。

教师：林月和安妮都逛商场了，你们想知道她们买了什么东西吗？我们一起看课文。

【案例4】[①]

**《速成汉语基础教程》综合课本第5册[②]**

**第8课《我的自行车被人偷走了》**

语法点练习：我来介绍一个人他倒霉的一天。

早上，他想吃早饭，可是，他的早饭被同屋吃掉了。

① 案例选自莫丹：《我的自行车被人偷走了》，载《对外汉语综合课优秀教案集》，北京语言大学出版社，2010，第11页。

② 教材由郭志良、杨惠元主编，2008年2月北京大学出版社出版。

去学校的路上,书包让他忘在出租车上了。

上午,他要把作业交给老师,可是作业叫他放在宿舍了。

下午刮大风,他的自行车被风刮倒了。

他下课以后去超市买东西,结果,钱包被小偷偷走了。

课文导入:这个人很倒霉,今天我们要学的课文里,贝拉也是个倒霉蛋,她也丢了东西,我们来看一看是怎么回事。

第8课的语言点是有标记的被动句(被、叫、让、给),课文内容是讲留学生贝拉的倒霉事——自行车被偷。被动句在口语里用得最多的是表示说话人觉得不愉快、不希望发生的情况。所以,莫丹老师在语言点操练时,巧妙地设计了一个口语练习题,操练结束后对练习进行总结,导入课文。

利用语言点导入课文是比较常用的方法,特别是在语法阶段[①],语法点跟课文关系密切,通过语法点导入课文非常方便,也很自然顺畅。

●利用已学课文导入

【案例5】

**《成功之路·顺利篇2》第18课《比平时少吃一些》**

课文导入:同学们还记得第一篇课文吗?在第一篇课文里,美爱为了减肥同意跟安妮一起跑步,现在快两个月了,美爱的减肥效果怎么样呢?我们一起看看课文吧。

第18课有两篇课文,第一篇课文《比平时少吃一些》讲的是美爱体重增加了,想通过节食减肥。安妮建议她不能只靠节食减肥,要多运动,美爱接受了安妮的建议。第二篇课文《我现在越来越苗条了》讲的是美爱坚持锻炼快两个月了,效果明显。从内容上来

---

① 初级阶段汉语教学根据教学任务侧重点不同,一般分为语音阶段、语法阶段和短文阶段。

看，这两篇课文有密切联系，在导入第二篇课文时可以利用第一篇课文。

【案例6】[①]

**《现代汉语高级教程》[②]（三年级）中册第6课《鹤》**

张俊平老师在导入第11～17段时是这样设计的：

课文导入：作者和弟弟精心照料受伤的鹤，可是因为拿麸皮和饭粒去捉鱼喂鹤，往往挨母亲的叱骂、祖父的恐吓，养鹤这件事从快乐变成苦恼了。接下来发生了什么事情呢？

《鹤》是陆蠡先生的一篇散文。作者通过对年幼时养鹤经历的回忆以及鹤的遭遇，引发人们对人性问题、如何与地球生命相处问题进行思考。作者与鹤的故事大概经历四个阶段：收养—照料—弃养—自责。像这样长的课文，一次课不可能完成教学任务，一般是分段进行教学。所以，在后面课文导入时，可以利用前面已经学习的课文。

【案例7】[③]

**《捷径——中级速成汉语课本》上册[④]**
**第10课《丝绸古城——苏州》**

课文导入：第9课我们学的是《乌鲁木齐人》，了解了在一座城市中生活的居民的共同特点；今天我想跟大家一起去了解另一座城市。

---

① 案例选自张俊平：《鹤》，载《对外汉语综合课优秀教案集》，北京语言大学出版社，2010，第219页。

② 《现代汉语高级教程》是由马树德主编、北京语言大学出版社出版的一套本科综合课教材。第1版共四册，三年级上、下两册，四年级上、下两册；修订版分为上、中、下共三册。

③ 案例选自游锋华：《丝绸古城——苏州》，载《对外汉语综合课优秀教案集》，北京语言大学出版社，2010，第160页。

④ 教材由朱子仪主编，2008年6月北京语言大学出版社出版。

苏州既有漂亮的园林，丝绸也非常有名。今天我们就要介绍有“丝绸古城”之称的城市——苏州。

第一次课前，游老师先带领学生复习第9课有关乌鲁木齐的知识，然后以旧带新导入课文。

利用已学课文导入新学课文这种方法在中、高级阶段课文教学中比较常用，既可以复习已学部分的内容，又可以引起学生对新课文的期待。

利用已学知识导入课文，一方面可以实现复习旧知的目的，同时还在新旧知识之间建立起了联系，便于学生对新知识进行加工，符合人类学习过程。

(2)利用相关知识导入课文

●利用相关话题导入

【案例8】

**《成功之路·顺利篇2》第14课《不知道带什么礼物去》**

课文1《不知道带什么礼物去》是跟“送礼”有关的话题。通过谈论此话题导入课文比较自然。

课文导入：你们知道去中国人家做客带什么礼物吗？（学生根据自己的经验发表看法，教师可适时进行纠正、补充）好，山本和大卫要去一个中国朋友家做客，让我们一起看看他们带去了什么礼物。

●利用标题导入

【案例 9】[1]

**《现代汉语高级教程》(四年级)下册第 1 课《到巴金花园去》**

在讲授课文之前,教师引导学生去寻找课文标题中所蕴含的各种信息:

①故事发生的地点可能在巴金花园。

②课文与巴金有关。

③谁到巴金花园去?

④什么时候去巴金花园?

⑤为什么到巴金花园去?

⑥到巴金花园去做了什么?

⑦到巴金花园之后又怎么样?

上述信息既可以使学生了解课文大概会讲述什么内容,同时也可以引导学生做进一步的阅读,即通过课文逐项确认上述信息,最终整理出课文完整的大概内容。

●利用课文背景知识导入

高级阶段综合课课文大都选自知名作家的经典作品,这类课文可采用背景知识导入法:或者从作家生平导入,或者从时代背景导入,或者从作品的影响导入。

【案例 10】

**《现代汉语高级教程》(三年级)上册第 1 课《胡同文化》**

课文导入:《胡同文化》的作者是汪曾祺。汪曾祺是中国著名

① 案例选自张亚茹:《高级汉语综合课的课文整体教学》,载《对外汉语综合课课堂教学研究》,北京语言大学出版社,2010,第 234 页。

作家，江苏高邮人，1920年出生，1998年去世。长期居住在北京，对北京生活非常熟悉，对北京文化有深厚感情，对北京人的思想行为了如指掌。正是这些给了他创作《胡同文化》的动力。下面我们就跟随汪曾祺一起去北京的胡同走一走，看一看。

上述案例是从介绍作家生平导入的。利用相关知识导入课文相当于提前为课文学习做一个铺垫，搭一个"脚手架"，能够使学生整体把握课文，深层次理解课文。

(3)创设情境导入课文

●利用图片导入

【案例11】①

**《成功之路·顺利篇2》第16课课文2《手里拿着红色的手机》**

王枫老师在课文学习环节利用图片导入课文。具体做法是：

教师展示图片，提问；学生观察图片，回答老师问题。

①他们是谁？（大卫和瑞贝卡）

②他们在哪儿？（机场）

③大卫去机场做什么？（接瑞贝卡）

④瑞贝卡什么样？大卫什么样？

---

① 案例选自王枫：《手里拿着红色的手机》，载《对外汉语综合课优秀教案集》，北京语言大学出版社，2010，第68-69页。

（瑞贝卡上身穿着一件白色T恤，下身穿着一条蓝色牛仔裤，头上戴着一个白色的帽子，手里拿着一个红色的手机。大卫上身穿着一件黄色的毛衣，左手拿着一个黑色的手机，右手举着一张纸，纸上写着瑞贝卡的名字。）

设疑问题：

⑤你们觉得大卫接到瑞贝卡了吗？

⑥瑞贝卡的行李重不重？

⑦你猜瑞贝卡的箱子超重了吗？箱子里装着什么？

●利用视频导入

【案例12】[①]

**《成功之路·冲刺篇2》第7课《罗布泊——消逝的仙湖》**

课文导入：同学们，今天老师要先请大家观看一组风光片，请边看边描述你看到的景色。

于昆老师在课文学习环节利用视频导入课文。视频主要展现昔日罗布泊的风景，创设有利于课文展开和学生自由表达的情境。

●利用动画导入

【案例13】[②]

**《成功之路·进步篇2》第16课《喇叭盗窃案》**

于天昱老师在课文学习环节利用动画导入课文。动画展示了盗贼作案过程。在观看的同时，教师口述作案过程，中速和自然语

---

① 案例选自于昆：《罗布泊——消逝的仙湖》，载《对外汉语综合课优秀教案集》，北京语言大学出版社，2010，第185页。

② 案例选自于天昱：《喇叭盗窃案》，载《对外汉语综合课优秀教案集》，北京语言大学出版社，2010，第115页。

速各一遍，提醒学生注意时间、地点、被盗物品、作案细节。

利用图片、视频、动画等创设情境导入课文，易于调动学生真情实感，诱发学生的探究心理，唤起学生思考与表达的热情，快速进入课文语境。

总而言之，课文导入方法多种多样，可以用一种方法导入，也可以几种方法结合使用，但无论使用哪种导入方法，我们都要根据课文学习目标、课文内容、学生实际情况择善而用，而不能花里胡哨，忘了根本。

### 2. 展示课文

展示课文就是把课文内容直观地展示给学生，给学生留下深刻印象，为下一步学习做准备。展示课文有不同的方式，但最基本的应该包括课文文本的阅读和课文内容正确的发音提示。课文展示通常通过听、读、看的方式来进行。

（1）通过“听”展示课文

教师放课文录音或者由教师读课文、说课文，学生听。听课文之前，教师一般会布置听力方面的问题，让学生边听边思考，听完课文作答。教师说课文，学生听课文更适合初级阶段前期课文学习。教师可以根据学生的汉语水平，比较方便地控制语速，调整用词和句子。如果是对话体课文，教师可以模仿 A、B 两个角色把课文说出来，边说边表演，也可以把对话体课文变成叙述体说出来。

通过“听”展示课文，一方面是展示课文内容，另一方面也是检查学生对课文的理解程度，寻找课文讲解的“抓手”，同时也适时对学生进行了听力方面的训练，可谓“一举三得”。

（2）通过“读”展示课文

这里的“读”主要指朗读。可以选择老师领读、学生齐读、学生轮流读、分角色朗读中的某一种，也可以选择其中某几种朗读形式搭配使用。通过“读”展示课文，可以纠正学生不正确的发音，熟悉课文中的汉字，实现字形与声音之间的联通。

(3)通过“看”展示课文

这里的“看”是看课文视频。通过让学生“看”课文视频展示课文,可以对学生的视觉、听觉进行双重刺激,加深课文印象。课文中人物的体态语言也可以帮助学生对课文进行理解。

展示课文的目的是让学生通过“听”“读”“看”等不同渠道感知并初步了解课文,为下一步的课文学习做准备。

### 3. 讲解课文

讲解课文主要针对学生有疑问的词语、句子、文化信息、课文结构等进行讲解,目的是清除课文理解的障碍,达到更好、更深入地理解课文的目的。

讲解课文要以问题为导向。一般由教师根据课文内容提出若干问题,学生根据自己对课文的理解进行回答,教师适时进行引导、纠错、补充讲解。有时候教师提的问题,可能是一个概括性或者引申性的问题,涉及对整段甚至整篇课文的理解,学生即时回答有一定的难度。对这样的问题,教师可以安排小组讨论,学生们合作学习,共同寻找问题的答案。为了发挥学生学习的主动性、积极性,教师也可以让学生在充分预习课文的基础上提出问题。问题先由其他同学回答,如果遇到问题,教师再进行引导讲解。

**【案例 14】**[①]

**《速成汉语基础教程》综合课本第 5 册**

**第 8 课《我的自行车被人偷走了》**

下面是莫丹老师对第一段课文的处理:

(1)看 PPT,听老师说:

古时候,草原上住着一个老人和他的儿子。有一天,老人的一

① 案例选自莫丹:《我的自行车被人偷走了》,载《对外汉语综合课优秀教案集》,北京语言大学出版社,2010,第 16–17 页。

匹马丢了。邻居们都来安慰他,老人说:"丢了就丢了吧,马丢了不一定是坏事。"

(2)回答问题:

①这个故事发生在什么时候?发生在什么地方?

②故事中有哪些人?

③有一天,老人丢了什么东西?

④老人是不是很着急?他是怎么说的?

(3)语法点:……就……吧,……

丢了就丢了吧,马丢了不一定是坏事。

(表示事情已经发生或没有办法改变,常常是不好的事情,可是说话人觉得没关系。)

①(对不起,昨天我借了你的电子词典,词典被我弄坏了。)

坏了就坏了吧,我可以再买一个。

②(你的苹果让我吃了。)

吃了就吃了吧,我的宿舍里还有。

③(你的书包给老师拿走了。)

拿走了就拿走了吧,老师会还给我的。

④(我们在卡拉OK厅玩游戏,维汉输了,你怎么安慰他?)

输了就输了吧,下次再玩儿/这只是游戏。

⑤(妈妈不给你钱了。)

不给钱就不给钱吧,我跟爸爸要。

案例先是通过边看PPT边听老师说的方式展示课文;然后教师就课文内容进行提问,学生回答,通过师生问答理解课文;最后就本段的疑难句,教师进行讲解并针对语法点进行操练。

**【案例15】**①

## 《现代汉语高级教程》(三年级)中册第6课《鹤》

课文第18~19段主要写作者得知自己养的鸟不是鹤而是鹭鸶时,态度发生了转变:失望—懊丧—恼怒,最后赶走了鹤。

张俊萍老师分三个层次处理这部分课文:

第一,请学生朗读课文。

第二,教师提问并给出课文线索引导学生回答。

①"我"对这只鸟的态度发生了什么变化?

②"我"是怎么做的?

第三,教师布置三个问题让学生分组讨论,深化学生对课文的理解,培养学生概括、归纳能力,锻炼学生用课文所学知识进行综合表达的能力。

①为什么作者会有这种态度的转变?

②你认为作者的行为对白鹭来说公平不公平?虽然他对白鹭的态度很恶劣,但白鹭对他的态度有没有变化?这说明了什么?

③你对作者的做法是怎么看的?如果你是这个作者,那时你会怎么做?

具体操作:

(1)全班分成3组,每组选答一个问题;在限定时间内,每组思考、分析讨论该问题;查疑补难、自主提问、相互讲解、共同追索答案。

(2)每组整理后选派代表发言陈述;教师板书学生表述的内容关键词、核心词。

(3)教师总结、板书具有普遍意义的惯用句式搭配。

---

① 案例选自张俊萍:《鹤》,载《对外汉语综合课优秀教案集》,北京语言大学出版社,2010,第16-17页。

(4)教师展示PPT,给出参考答案。

此案例的设计改变了课文教学中教师讲、学生听的被动局面,发动学生互相讲解,共同探索,体现了以学生为中心的教学理念。

讲解课文是课文处理的关键环节,尤其是中、高级阶段的课文,生词多、句子长、内容复杂、理解难度大,更需要教师精心设计,处理好各个方面的因素。只有理解了课文,操练课文才会得心应手。

### 4. 操练课文

操练课文是通过不同的方式对课文内容进行熟巧性的训练。操练课文常采用朗读课文、分角色表演课文、复述课文等方式进行。

(1)朗读课文

朗读课文是课文操练的第一步。朗读有不同的方式,课文学习中常使用的方式有教师领读、学生齐读、分组读、单个读、分角色读、接龙读等。不同的朗读方式有不同的目的和作用:教师领读能够树立榜样,为学生提供参考样本;学生齐读能够构建班级语流,以强带弱;分组读能够形成竞争气氛,你追我赶;单个读、分角色读能够查找问题,利于纠偏;接龙读能够优化课堂节奏,吸引学生注意力。总的来说,朗读课文可以培养学生语感,提高语言理解能力、记忆能力。

(2)复述课文

复述课文就是用自己的话和课文中学过的主要词句,把课文内容有条理地叙述出来。经常开展复述课文训练,不仅能促使学生加深对课文内容的理解,帮助记忆,而且能发展逻辑思维,提高口头表达能力。按照从易到难的顺序,复述课文可以分为:挖空儿复述、关键词复述、根据问题复述、看图复述、转述等。

●挖空儿复述

教师用PPT展示课文内容,隐去生词及重点句中的成分,让学生看着提示词复述课文。随着学生对课文内容的熟悉,挖的空儿越来越多,提示词越来越少。

**【案例 16】**

**《成功之路·起步篇 1》第 8 课课文 1《墙上有一张中国地图》**

这是山本的房间。房间里有一张床、一张桌子、一把椅子、一个书架和一个柜子。墙上有一张中国地图。桌子上有一本书、一个本子和一支笔。

这段课文是按照从大到小、从整体到局部顺序进行组织的,比较容易记忆,复述时尽量利用这种规律。第一遍复述在生词上面挖空儿。

这是山本的……。房间里有一张……、一张……、一把……、一个……和一个……。墙上有一张……。桌子上有一本……、一个……和一支……。

第二遍再挖掉重点句中的一些成分。

这是……。房间里有……、……、……、……和……。墙上有……。桌子上有……、……和……。

第三遍再减少提示词。

这是……。房间里……。墙上……。桌子上……。

●关键词复述

教师给出一些关键词(重点词语),要求学生复述时必须使用。

**【案例 17】**

**《成功之路·起步篇 1》第 10 课课文 1《苹果多少钱一斤》**

苹果两块五一斤,香蕉三块一斤。我要一斤苹果、两斤香蕉。一共八块五。

复述这段课文,教师给出四个关键词:苹果、香蕉、要、一共。这四个词都是本课需要掌握的生词。

●根据问题复述

教师根据课文内容设计若干个问题，问题答案串在一起就是对课文的复述。用这种方法复述时，要特别注意答案之间的衔接。

【案例 18】

**《成功之路·起步篇 1》第 12 课课文 1**

**《我们骑自行车去颐和园》**

大卫每天骑自行车来教室。安妮没有自行车，她走路来教室。山本住学校外边，他坐出租车来学校。小明家在北京，他每个周末坐公共汽车回家。

根据这段课文，设计四个问题：

①大卫每天怎么来教室？

②安妮怎么来教室，为什么？

③山本怎么来学校，为什么？

④小明每个周末怎么回家，为什么？

具体操作时，先让学生回答问题，待他们都能够流利地说出答案时，下一步复述课文。

中、高级阶段课文内容复杂，不可能每个句子都提一个问题引导学生复述。要根据语义，有时候可能几个句子一起表达一个中心意思，有时候可能一段话表达一个中心意思，这种时候，就要对意义进行概括，提炼出问题。

●看图复述

教师展示课文内容图片，让学生根据图片复述课文。例如案例 18，我们可以用教材提供的四张图片。

①

②

③

④

●转述

转述课文常用到的是把对话体课文转成叙述体，把第一人称转成第三人称。在中、高级阶段，也可以把故事性强的叙述体课文转成对话体。

**【案例 19】**

**《成功之路·顺利篇 1》第 1 课课文 1《今天下午你去哪儿了》**

课文 1 是对话体，先把对话体改写成叙述体，然后用第三人称进行复述。

大卫下午给山本打电话了，山本没接他的电话。因为他去踢球了，没带手机。

后天是周末,安妮建议全班去历史博物馆参观,张老师同意了。大卫和安妮想跟山本商量一下怎么去。他们要去学校东门的饭馆见面,一起商量商量。

(3)分角色表演课文

根据课文内容和情境,学生扮演课文中的角色表演课文。对话体课文,可以直接运用原文中的句子,模拟角色的情绪、说话的语气,加上适当的动作、表情。叙述体课文要先改写,然后再进行表演。具体操作时,可以先分小组进行练习,等熟练后,再上讲台面向全班表演。

**5. 活用课文**

在理解、操练课文的基础上,运用课文中的重点词语和句式、课文的结构和相关话题开展各种交际性、综合性、延伸性的活动,对课文进行灵活运用。常见的活用形式有:角色扮演、看图说话、调查采访、话题讨论、分组辩论、自由表达等。

(1)角色扮演

角色扮演是模仿对话体课文结构,变换不同情境,让学生扮演角色,进行会话表演。它是分角色表演课文的升级版。

角色扮演是交际性活动的典型代表,目的是培养学生用中文进行交际的能力。

【案例20】[①]

**《成功之路·顺利篇2》第16课课文2《手里拿着红色的手机》**

课文2的主要内容是大卫去机场接瑞贝卡,重点语法是用"着"的存在句。王枫老师设置了四个不同情境,以卡片形式展示给学生,让学生分组表演。

① 案例选自王枫:《手里拿着红色的手机》,载《对外汉语综合课优秀教案集》,北京语言大学出版社,2010,第71页。

| 卡片1:第一次约见辅导老师 |
| --- |
| 地点:食堂门口 |
| 学生A:拿着一本杂志 |
| 学生B:背着一个书包 |

| 卡片2:替同屋去机场接他的亲戚 |
| --- |
| 地点:机场出口 |
| 学生A、B以现在的着装为准 |

| 卡片3:第一次约会 |
| --- |
| 地点:学校南门外边 |
| 学生A:手里拿着一束花 |
| 学生B:手里拿着一件大衣 |
| (为了约会请打扮一下) |

| 卡片4:寻找旅游团 |
| --- |
| 地点:天安门广场 |
| 学生A:推着一辆自行车 |
| 学生B:导游,举着一面旗子,旗子上写着“东方旅行社” |

角色扮演活动一般分为活动设计、课堂组织、活动反馈三个步骤。

活动设计可以从情境设置、地点确定、角色设计、语言要求、时间限定等方面考虑。

课堂组织包括三个方面内容:第一,教师明确告知任务,进行分组。第二,小组准备。学生商量如何分配角色,如何设计对话并进行操练,教师巡场指导。第三,小组表演。小组面向全班进行表演,教师观察记录。

活动反馈可以从两个方面入手：一是对活动过程进行反馈；二是对活动效果进行反馈。反馈以正向反馈为主，多反馈做得好的方面以及可以做得更好的方面或者可以提升的方面。

(2)看图说话

看图说话是把视觉的图画形象转变为话语表达。图画是一种"国际语言"，容易理解；图画生动形象，故事性强，能激发学生学习兴趣；图画具有暗示性，"真相"隐藏在细节之中，看图说话可以训练学生的观察能力、想象能力、逻辑思维能力、表达能力。

图画可分为单幅图画和连环图画。

【案例 21】

**《成功之路 · 顺利篇 2》第 15 课课文 1**

**《把你的自行车借给我用用》**

课文 1 的主要内容是大卫向麦克借自行车，语法点是"把"字句。在综合练习部分，教材设计了一个看图说话，对课文进行活用练习。

看图说话：

①　　②

③

④

看图说话活动可分为“说”前准备、“说”中合作、“说”后反馈三个步骤。

“说”前准备包括三个方面内容：第一，头脑风暴。以图片为基础，让学生充分展开联想，说出想到的词汇。第二，教师启发引导。以问题形式引导学生观察图片，整体把握图片内容，关注图片中的细节。第三，小组讨论。分组讨论教师提出的问题。

“说”中合作包括两方面内容：第一，分工合作进行练习。每人负责一幅图片主说，其他人补充。第二，班级汇报。可以采用合作汇报或者派代表汇报两种形式。

“说”后反馈包括两方面内容：第一，教师讲评。侧重词汇、语法及关联部分的表达。第二，形式操练。对错误率比较高的语言项目可进行操练巩固。

(3)调查采访

调查采访指根据课文内容设计相关的问题，让学生对同学或者中国人进行调查采访的交际性教学活动。

调查采访分为两种形式：如果调查采访的问题比较简单，不需要太多时间，可以在课堂上进行，当堂汇报采访结果；如果调查采访的信息不容易在课堂上获得，可以作为课后作业，下次课汇报调查采访的结果。

## 【案例 22】

### 《成功之路·顺利篇 1》第 3 课课文 2《我搬家了》

课文 2 的主要内容是马丁搬家了，介绍他新租房子的结构、房租、交通情况、周围环境等。在综合练习部分，教材设计了一个调查采访活动。

调查采访活动：

用下表采访你的同桌或其他同学，请他们介绍一下他们的家，然后采访者向大家报告采访的内容。

| 你的家 | |
|---|---|
| 住在哪儿? | |
| 房子有多大? | |
| 交通方便吗? | |
| 周围环境怎么样? | |
| 你对你的房子满意吗? | |

调查采访活动可分为调查采访前准备、调查采访中调整、调查采访后整理汇报、汇报后反馈四个步骤。

调查采访前教师要指导学生设计调查采访问题和确定调查采访对象。调查采访的问题要真实可信，不能脱离生活，设计时还要考虑学习者的汉语水平。

调查采访中要求学生不断调整沟通策略，灵活运用打断、追问等技巧，核实、确认信息。

调查采访后要求学生整理调查采访的内容，总结归纳调查采访观点并适时汇报调查采访结果。

汇报调查采访结果后，教师要对本次调查采访活动进行反馈。

(4)话题讨论

话题讨论指对跟课文内容相关的话题进行讨论。

【案例23】

《成功之路·顺利篇2》第23课课文2

《胡同一年比一年少了》

课文2的主要内容是大卫和安妮对北京的胡同被拆掉的不同看法:安娜觉得应该拆,因为胡同太窄,周围房子太旧,不太适合现代化的北京;大卫觉得不应该拆,因为北京人对胡同有很深的感情,它代表着老北京的文化和生活。课文表面上是说胡同,实际上提出了城市建设如何对待历史、文化遗迹的问题。在综合练习部分,教材设计了一个小组讨论,引导学生对这一问题进行深入讨论。

话题:有人觉得现代化的城市应该有宽宽的马路,高高的大楼,方便的交通;旧的建筑、老的胡同应该被拆掉。也有人觉得像胡同这样有历史、有文化的老建筑不应该都拆掉,应该保护起来。你对这个问题怎么看?

①3~4人一组,谈谈对这个问题的看法。

②每个小组请一位同学总结同学们的看法。

话题讨论活动可分为讨论前要求、讨论中指导、讨论后交流与反馈三个步骤。

讨论前教师要提出明确要求,包括要用上哪些词语、句式,涉及哪些信息等,还要对讨论时间进行限定。

讨论中教师要进行巡场,学生遇到困难及时提供帮助。

讨论后小组派代表在全班进行交流,其他同学可提问发言,教师进行反馈。

(5)分组辩论

分组辩论对中文水平有比较高的要求,比较适合高级阶段的留学生。

【案例 24】

**《现代汉语高级教程》三年级中册第 4 课**

**《现代技术的危险何在?》**

课文《现代技术的危险何在?》首先介绍现代技术发展(很快)以及人们对现代技术的认识(手段)、两种观点(乐观论、悲观论);然后介绍海德格尔的观点,进一步说明技术对文化领域的影响;最后表明现代技术的危险在于人与世界的错误构建,但是目前没有找到解决问题的答案。现代技术的好与坏是一个比较复杂的话题,目前对它并没有一个统一的看法,仁者见仁,智者见智,所以学习完本课后,可以设置小组辩论活动,让学生充分表达自己的观点。

正方:现代技术利大于弊

反方:现代技术弊大于利

分组辩论活动可分为辩论前准备、正式辩论、辩论后反馈。

辩论前可从以下四个方面进行准备:第一,全班分成两组,分别派代表抽取选题。分组时最好让学生举手表决,支持正方观点的分为一组,支持反方观点的分为一组。第二,教师进行指导,讲解辩论流程及规则。第三,小组根据学生特点分配角色任务,集体讨论,制定辩论方案。第四,各组收集材料,进行充分准备。

正式辩论要按照约定的辩论流程及规则进行,教师进行观察记录。

辩论后教师要对正反两方的表现进行反馈。以发掘闪光点为主,切忌对跟自己意见不同的观点进行批判。

(6)自由表达

自由表达是围绕课文话题,用课文所学的生词、语法等自由表达思想。

【案例25】

**《成功之路·顺利篇2》第19课课文2《人人都说我变了》**

课文2主要内容是美爱在安妮的影响和帮助下，思想、行动都发生了很大变化——爱运动了，爱交朋友了，积极参加班级活动了，性格也变得活泼可爱了。来中国后，可能每个学生都会有或多或少的变化，这个话题具有共性，每个学生都有话说。在综合练习部分，教材设计了一个自由表达练习，介绍自己的变化。

自由表达：来中国以后的生活跟你在你们国家的生活一样吗？说说你来中国以后的变化。

自由表达活动可分为教师提出要求、个人进行准备、自由表达看法、交流与反馈四个步骤。

针对表达问题，教师要提出明确要求，包括要用上哪些词语、句式，涉及哪些信息等，还要对讨论时间进行限定。

个人收集资料，拟写发言提纲或发言稿，进行充分准备。

个人在小组或者全班发表自己的看法，进行自由表达。

其他同学可提问发言，进行交流；教师进行反馈。

### （六）总结和布置作业

总结是对课堂所学的生词、语法、课文主要内容进行简单的归纳、总结，明确学习重点和难点，帮助学生把学到的新知识系统化、条理化，建立完整的知识结构。

课后作业是课堂教学的延伸。对学生来说，课后作业可以巩固课堂所学知识和技能，为下一步学习做准备；对教师来说，课后作业做得如何可以对课堂教学效果进行检验，促使教师对教学进行反思和改进。总的来看，综合课作业从作用上来讲，有复习巩固类的，还有预习类的；从形式上来讲，有书面的，也有口头的。

## 三、综合课教学应注意的问题

### （一）处理好综合课语言知识传授和语言技能训练的关系

综合课承担语言知识的教学任务，因此不能忽视语言知识的教学，同时也要明确语言知识教学不是目的，它是为形成语言能力服务的，因此还要强调语言知识向技能转化的必要性和关键性。在教学实践中，应根据不同阶段的特点和具体语言知识的特点采用针对性的训练方法将知识转化成能力。

### （二）处理好综合课讲和练的关系

综合课要遵循“精讲多练”的教学原则，学生操练和教师讲解的比例控制在6：4，即学生操练时间不能少于60%，教师讲解时间不能多于40%。因为讲和练的结果不同，讲的结果是懂，练的结果是会。而学习一种语言最重要的是掌握听、说、读、写的技能，具有综合运用这种语言的能力。

### （三）处理好综合课练习中“死”与“活”的关系

综合课的练习大概分为三类：机械性练习、半机械性练习、活用练习。比如，练习“把”字句，老师让学生跟说一个“把”字句或者替换“把”字句的某些词语，这两类练习都是机械性练习；老师说上一句，让学生用“把”字句完成下一句，这样的练习是半机械性练习；老师让学生用“把”字句介绍如何制作西红柿炒鸡蛋，这样的练习是活用练习。综合课不管是教学生词、语法还是课文，都要先“死”后“活”，“死”“活”结合，最终达到灵活运用的目的。

## 四、案例学习与研讨

### 《成功之路·顺利篇2》第19课课文2《人人都说我变了》

#### (一)导入课文

方法:利用图片导入。教师展示教材中课文前的图片,通过问题进行引导。

看第一张图片。

教师:她是谁?

学生:她是美爱。

教师:美爱在什么地方?

学生:美爱在她的房间。

教师:美爱在房间做什么?

学生:美爱在房间看电视、吃东西。

教师:这是什么时候? 是现在吗?

学生:不是现在,是以前。

看第二张图片。

教师:这是什么地方?

学生:这是运动场(操场)。

教师:美爱在做什么?

学生:美爱在打球。

教师:这是什么时候?

学生:现在。

看第三张图片。

教师:美爱在哪里?

学生:美爱在户外。

教师:她在做什么?

学生：她在爬山。

教师：这是什么时候？

学生：现在。

教师：（指着第一张图片）这是以前的美爱，（指着第二张、第三张图片）这是现在的美爱，你们觉得美爱有变化吗？（让学生自由发言，不纠正）

### （二）展示、理解课文

方法：利用视频，通过视听说的方法展示理解课文。

#### 1. 展示问题，播放视频

教师在 PPT 上展示跟课文相关的问题，然后播放根据课文内容录制的视频。学生一边观看视频，一边思考问题。

（1）美爱以前爱运动吗？现在呢？

（2）美爱开始锻炼以后有变化吗？有什么变化？

（3）美爱以前爱出去玩吗？现在呢？

（4）美爱以前的朋友多还是现在的朋友多？

（5）美爱现在怎么锻炼身体？

（6）美爱的性格跟以前比有什么不一样？

#### 2. 回答问题

参考答案：

（1）美爱以前不爱运动，现在爱运动了，差不多天天都打羽毛球。

（2）美爱开始锻炼以后有变化。人人都说她变了，变得又健康又漂亮。

（3）美爱以前很少出去玩儿。现在他们班的户外活动，她次次都参加。

（4）美爱以前朋友很少。现在交了很多朋友。

（5）美爱去体育馆办了一张健身卡，差不多天天都打羽毛球。

（6）美爱现在变得活泼可爱了。

### （三）操练课文

#### 1. 朗读课文

方法：

（1）打开课本，师生共同朗读。学生读不出来或者读错的字词，教师提醒、纠正。

（2）教师领读课文，学生跟读。

（3）学生两人一组，分角色朗读两遍。

#### 2. 说课文

方法：根据提示说课文。先让学生自己练习，然后指定两名学生说课文或者把全班学生分成两组，一组扮演美爱，一组扮演安妮说课文。

美爱：安妮，……的照片……。

安妮：快……让我看看！拍得……。张张都……！看你，……啊！

美爱：这都要……。

安妮：为什么……？

美爱：我原来……，是你劝……的。自从……以后，人人……，变得……。

安妮：我也觉得……。以前……，现在，咱们班……，你次次……。

美爱：……。我以前总……，朋友……。现在我交……。

安妮：对了，现在……看见……，你还在……吗？

美爱：……！我……办了……，现在……天天……。……，比……有意思多了。

安妮：看来，……也变得……。

### 3. 复述课文

方法：根据提示复述课文。先让学生自己练习，然后指定学生复述或者全班一起复述。

美爱爬山的照片……了。拍得……，张张都……。美爱笑得……。自从……以后，人人都说她……。以前同学们组织……，美爱……。现在，次次活动……。美爱以前总……，朋友很少。现在她……。她还在……办了一张……，差不多……都……。安妮觉得美爱的……也变得……了。

## （四）归纳总结课文

**美爱的变化**

| 以前 | 现在 |
| --- | --- |
| 不爱运动 | 坚持锻炼，天天打羽毛球，变得又健康又漂亮 |
| 很少出去玩儿 | 积极参加户外活动 |
| 朋友少 | 交了很多朋友，性格变得活泼可爱 |

## （五）课堂活动

### 1. 小组活动

3～4人一组，模仿课文用对比的方法说说来中国以后有什么变化。一名学生说完，小组同学一起归纳填表；然后再开始下一个同学，依此类推。

我们小组同学的变化

| 姓名 | 以前 | 现在 |
| --- | --- | --- |
| | | |
| | | |
| | | |
| | | |

**2. 班级活动**

小组活动以后，每组派一位代表进行班级汇报。

## 思考与讨论

1. 在教学实践中，综合课生词与课文的教学顺序有两种处理方法：一种是先学习生词，然后再处理课文；另一种是在学习课文的过程中处理生词。关于这个问题，你有什么看法？

2. 中、高级阶段的综合课课文长，生词多，教师常常给学生布置预习生词的作业，但预习的效果往往差强人意。你觉得这是什么原因？有什么好的建议？

3. 阅读下面的案例，说一说李老师课文教学存在的问题并给出你的建议。

星期一前两节是李老师的高级汉语课，今天教学的主要内容是课文。李老师先让学生朗读第一段课文，然后一句句地进行解释，一段解释完以后问学生有没有问题，得到学生没有问题的回答后，再用同样的方法进行其他段落的教学。刚开始的时候，学生还能认真听讲，二十分钟以后，大多同学都心不在焉了。

4. 为下面的课文设计一个教学方案。

**我的家乡冬天比北京暖和**

北京有四个季节：春天、夏天、秋天和冬天。北京的夏天很热；冬天很冷；春天很短，常刮大风；最好的季节是秋天。

我的家乡也有四个季节。我的家乡夏天比北京还热；冬天不下雪，比北京暖和；秋天很凉快；春天比北京长，不刮大风，是最好的季节。

# 第六章

# 听力课怎么教

听是人们利用听觉器官，接收语言声音信号并理解其意义的过程。学习掌握任何一种语言，听都是非常重要的。因为只有听清并且理解了别人的话，然后才能与他人进行口头交际。所以在听、说、读、写四种能力排序中，听排在首位。听力课是培养学生听力理解能力的一门课程，侧重听力技能的训练。在听力课上，教师通过各种有意识的教学手段来帮助学生听懂所给材料，培养和提高学生听话和理解能力，从而达到沟通和交流的目的。

## 一、听力课教学内容

听力课的教学内容主要包括语言知识的传授，以及听力技能的训练和培养。

### （一）语言知识

听力课语言知识的教学主要包括语音、词汇、语法等内容。因为语速较快、语音语调有特殊含义、生词多、语法结构陌生、句子太长或过简等因素都会影响听力理解的效果。网上曾经流传过这样一道听力题：

A:小明,这道题你考完后对答案了吗?

B:对了,但没对。

问:小明这道题做对了吗?

也许这是一道开玩笑的考试题,但是它也说明了如果没有一定的词汇知识,不了解"对"这个词的两个义项"把两个东西放在一起互相比较,看是否符合"和"正确",哪怕每个音都听清楚了,仍然不能理解这个听力对话的意思。听力课教学任务之一就是要给学生输入尽可能多的语言知识,并作为经验成分储存在他们的大脑记忆库中,一旦需要,马上能够提取出来。

听力课语言知识内容一般安排在听前热身环节进行教学,听后反馈环节对语言知识的误用进行针对性的纠错。

### (二)听力技能

听力课教学的核心任务是训练听力技能。听力技能包括辨音辨调能力、快速反应能力、捕捉主要信息的能力、预测能力、联想猜测能力、记忆储存能力、概括总结能力等。

#### 1. 辨音辨调能力

辨音辨调能力指对接收的语言声音信号进行分析、辨别的能力。辨音辨调能力是听力理解中最基本的能力,对这种能力的训练常采用辨别音节的声母、韵母、声调,辨别发音近似的词语,辨别句子的重音、语气、语调等来进行训练。

#### 2. 快速反应能力

快速反应能力指快速将语音信息进行解码的能力。例如,当听到"我在公交车上遇到了王老师"这个句子时,能够快速理解这个句子表达的意思。在教学实践中,比较侧重于对话语传达的深层信息快速反应方面的训练,包括说话人的语气、说话人的态度、话语的言外之意等。

### 3. 捕捉主要信息的能力

捕捉主要信息的能力指从听到的众多信息中抓取主要信息的能力。例如明天要去上海旅行，想提前了解上海的天气。听天气预报的时候，我们关心的是上海地区的天气情况，播音员播报的其他城市的天气情况可以略过，但一听到“上海”这个词，就要特别注意，并且要努力记住气温、风力、是否下雨等信息。在教学实践中，教师常常让学生带着问题听语言材料（语料），训练学生捕捉主要信息的能力。

### 4. 预测能力

预测能力指提前猜测所听语言材料内容的能力。预测要有一定的根据。例如，可以根据文章题目进行预测，因为文章题目是对文章内容的高度概括；可以根据生词进行预测，生词表中生词加起来，可以大略知道文章内容指向；可以根据练习题进行预测，回答问题一类的练习题目顺序通常是按照文章内容从前到后的顺序排列的，从中可以窥见文章的脉络，另外，从排列较后的题目可以找到较前题目的答案，通过选择题的选项也可以预测到一些文章内容信息；可以根据背景知识进行预测；等等。

### 5. 联想猜测能力

联想猜测能力指根据已知信息想到其他信息或者猜想、推测新信息的能力。例如下面的对话：

A：我们昨天坐你们的车时，提包忘在汽车上了。

B：我们是发现了一个提包。您的提包里有什么东西呀？

A：提包里有一架照相机和一些新买的工艺品。

在这段对话里，“提包”是个生词，也是一个关键词，共出现四次。如何猜测这个词的意思呢？通过前两次的出现语境，我们可以猜到“提包”是一件可以携带的东西；再通过后两次的出现语境，我们可以猜出“提包”是一件可以装物品的东西。一般来说，语境提供的相关信息越多,猜词的成功率就越高。

**6. 记忆储存能力**

记忆储存能力指把理解的信息进行储存的能力。由于语音信号具有转瞬即逝且不可重复的特点,所以对理解的信息如何记忆储存也面临挑战。在教学实践中,边听边记关键词、听后复述、快速回答问题等都常用来训练信息的记忆储存能力。

**7. 概括总结能力**

概括总结能力指对所听信息的主要内容进行总结概括的能力。例如,听完一段话要求用简短的话说出意思,听完一篇文章要求给出一个合适的题目。完成这样的问题都需要概括总结的能力。

## 二、听力课教学的环节与方法技巧

听力课包括以下几个教学环节:组织教学、复习旧课、听前热身、听时练习与检查反馈、总结和布置作业。

### (一)组织教学

组织教学常用的方式是师生问好,也可以采用班长或者值日学生向老师报告出勤情况的方式。此教学环节目的是吸引学生注意,调整学生状态,迅速进入课堂教学模式。

### (二)复习旧课

复习旧课常常是复习前一次课的教学内容,也可以是复习前几次课或者是以前学过的但跟本次课相关的某一个教学内容。目的有三个:一是检查学生对已学内容的掌握情况;二是复习巩固已学内容;三是为新课学习做好铺垫。

## （三）听前热身

听前热身是正式聆听课文前的准备环节，包括输入背景知识、处理生词和表达形式、为学生提供听力线索等，目的是大致了解课文背景，激活、积累相关知识，扫除课文理解障碍，降低学生听力焦虑。

### 1. 输入背景知识

背景知识主要指跟作者共同具有的和听力材料相关的知识。背景知识输入有多种方法，可以根据教学内容、学生的中文水平、学习特点等进行选择。

（1）图片法

**【案例1】**[①]

**《汉语听力速成·基础篇》[②]第8课《休闲娱乐》**

教师：学习很累的时候，你都做什么？我们来看看他们学习、工作累的时候都做些什么。（展示PPT）这些都是人们的休闲娱乐方式，五花八门。今天，我们就来学习有哪些休闲娱乐方式。

第8课听力材料主要围绕休闲娱乐的话题展开，提到的休闲娱乐方式有散步、打球、游泳、听音乐会、看演出、看比赛、看电影、看京剧、喝茶、跳舞、唱歌、玩牌、下棋、种花、养鱼等。这些休闲娱乐方式有画面感，适合用图片展示。案例1用图片法进行背景知识输入，贴合教学内容，也适合初级阶段学生中文水平及学习特点。

---

① 案例选自窦玉荣：《休闲娱乐》，载《对外汉语听说课优秀教案集》，崔希亮主编，北京语言大学出版社，2011，第2-22页。

② 教材由毛悦等主编，2010年12月北京语言大学出版社出版。

（2）讨论法

【案例2】[①]

**《汉语听力课本·二年级上册》[②]第1课《茶》**

第1课《茶》内容丰富，涉及茶的历史、功效、种类、习俗、出口、世界影响力等方面。孙立峰老师在输入背景知识时紧紧围绕上述内容设计讨论问题，并且提示学生尝试用预习过的生词来回答问题：

①你喜欢喝茶吗？都喝过什么茶？（引发对茶种类及功能的讨论。可提示学生参阅词语表中的专名。）

②你去过朋友家里做客吗？如果是中国朋友，他们用什么方式/饮品来招待你？（这时“招待”一词可替换为课文生词表中的“款待”。“招待”和“款待”是近义词，“款待”是更亲切优厚的招待。）

③除了在朋友家、自己家里，还有哪些地方可以喝茶？你认为那儿的环境和气氛怎么样？在那儿喝茶的感觉如何？（介绍喝茶的场所，如茶楼、茶馆等。提示词：环境、气氛、讲究、品茶等。）

④中国是一个很大的国家，南方人、北方人，汉族与少数民族的喝茶习惯有很大不同。大家都听说过哪些不同的习惯呢？（引出“饮茶习惯”这一茶文化内容。可提示学生用句式“对……来说”，用生词“地域辽阔”“人口众多”“少数民族”等进行表达和介绍。）

⑤你们国家有中国茶吗？请介绍一下中国茶在你们国家的情况。（引发对茶的历史的讨论，包括出口的历史、茶的起源、茶的发音等方面。最后得出结论：中国是茶叶的故乡。这样可以增进留学生对茶文化的了解，以及对中国的感情。）

---

① 案例选自孙立峰：《茶》，载《对外汉语教学示范教案》，张和生、马燕华主编，北京师范大学出版社，2009，第84页。

② 教材由孙立峰主编，2007年2月中国社会科学出版社出版。

运用讨论法讨论的问题要围绕听力材料内容设计，要提前给学生进行准备。为了节约课堂时间，可以布置课下小组讨论，课上派代表发言。简单问题无须讨论，讨论法适用复杂问题或者有争议的内容以及中高级水平的留学生。

（3）演示法

【案例3】[①]

**《汉语听力课本·二年级上册》第1课《茶》**

听力课文《茶》也可以用演示法进行背景知识的输入。教师在进入教室时，手端一杯热茶或拿一瓶茶饮料，引起学生注意。

教师：大家看看，我喝的是什么？

学生：茶。

教师：什么茶？

学生：绿茶/红茶等。

教师：这是什么？（手持一瓶茶饮料）

学生：冰红茶/绿茶等。

教师：你们喝过吗？/味道怎么样？/经常喝吗？/喜欢喝吗？/什么时候喝？/为什么？……（引出茶的作用、功能等内容）

演示法生动活泼，通俗易懂，能够在轻松、欢乐的气氛中，使学生学到新的知识。

---

① 案例选自孙立峰：《茶》，载《对外汉语教学示范教案》，张和生、马燕华主编，北京师范大学出版社，2009，第84页。

(4)采访调查法

【案例4】[①]

**《成功之路·进步篇·听和说2》第6课《找工作》**

第6课《找工作》包括多个听力材料,在学习《招聘启事》《工作面试》之前,教师布置采访调查任务,分小组对“大学生理想的工作”进行采访调查;在学习《充电》《我的同事们》之前,教师布置采访题目“工作后提高能力的方法”,要求学生分小组对“工作中常见的升职、降职原因”进行采访调查。课堂上,教师分四个步骤展开教学:

①学生代表进行口头报告。

②报告者与其他学生互相提问。

③教师点评。

④纠错。(纠正有代表性、普遍性的语音、语法错误)

采访调查法的特点是学生通过完成采访任务主动输入背景知识,是比较典型的“做中学”。需要注意的是,教师布置的采访调查题目要紧紧围绕听力材料的内容。

(5)借助音频、视频法

【案例5】

**《汉语听说教程·二年级上册》[②]第11课《关于克隆》**

第11课《关于克隆》主要讲了两方面内容,一是“克隆”是什么?二是遗传学家、生物学家、教育学家、社会学家和哲学家对“克隆”所持的观点。由于大部分学生对“克隆”的话题感觉陌生,所以

① 案例选自孟艳华:《找工作》,载《对外汉语听说课优秀教案集》,崔希亮主编,北京语言大学出版社,2011,第72,85页。

② 教材由赵菁主编,2000年3月北京语言大学出版社出版。

在听课文前要特别注意背景知识的输入。“克隆”是相对抽象的话题，用形象的手段进行背景知识的输入效果更好。查找资料发现，有多部跟“克隆”话题相关的电影，其中《逃离克隆岛》人物关系不太复杂，情节相对简单，比较容易明白，可以作为目标之选。具体做法：

①布置任务——课下观看电影《逃离克隆岛》，要求能够用自己的语言介绍电影的大概内容。

②课上请一位同学口头介绍电影内容。

③其他同学听后进行补充。

④简单讨论什么是“克隆”，并说说自己对“克隆”的看法。（结合学生的发言，教师适当往课文内容方向进行引导）

⑤导入课文学习。

借助音频、视频法输入背景知识是比较受学生欢迎的一种方法，因为音频、视频内容形象生动，可以在轻松愉快的状态下完成任务。

### 2. 处理生词

（1）准备

根据具体情况，教师要把生词进行分类。第一类是比较容易的生词，学生通过预习可以掌握，这类生词在这儿不进行处理，听课文时教师多加注意，如果出现问题再进行解释。第二类是在听课文时用来进行猜词训练的，这类词也不进行处理。选择这类词时要注意听力课文提供的语境是否满足猜词的要求。一般来说，成功猜词要满足三个条件：语境对该词语有比较明确的限制和暗示、语境场景比较熟悉、语义连带关系比较清楚。第三类是要重点进行处理的生词。

（2）展示生词

首先教师朗读或者播放生词录音，学生边听边记音；然后教师展示生词的音和形；最后学生朗读生词。

(3)解释词义

解释词义可以利用实物、图片、视频、画画、动作演示等直观手段;也可以利用旧词,以旧带新释义;还可以利用语素、情境、翻译、工具书等方法进行释义。

(4)生词扩展与操练

生词扩展要侧重听力课文中的搭配形式,要从生词扩展到短语,由短语扩展到句子(听力课文中的目标句)。具体做法:教师说出短语,学生跟说;教师说出目标句,学生跟说。如果目标句较难,教师可针对句子进行提问,检查学生是否明白其意思。

听力课最好以听的方式操练生词。常用的操练方式有听辨、听译、听后回答、听后模仿跟读、听写等。

【案例6】[①]

**《风光汉语·初级听力Ⅱ》[②]第9课**

女:我按你说的方法,每天都运动。你看,我现在比以前瘦了一些吧?

男:我看你还是有点偏胖,你对着镜子照照,是不是这样?

问:男的认为女的怎么样?

这段对话中要学习的目标生词是"偏"。杨琦老师是这样设计的:

以"听"的方式输入生词。教师朗读"偏"以及其他需要讲解的生词,让学生写出拼音。教师再展示生词正确的拼音汉字。

通过图示法与举例子的方法解释"偏"的意思。教师在PPT上从左到右显示三个人,一个人正常体形,一个人偏胖,一个人很胖。

---

① 杨琦:《基于课堂教学视频的初级汉语听力课生词教学研究》,中山大学硕士学位论文,2014,第37-38页。

② 教材由张新明主编,2009年1月北京大学出版社出版。

教师提问“这三个人胖不胖?”引导学生说出“比较胖,偏胖”,教师解释说:“中间的这个人偏胖。偏胖就是比较胖,但不是很胖。这个‘偏’字常用在‘高、低、长、短、甜’等词语前。”

以“听”的方式练习生词:教师展示包括“偏”在内的一些生词,然后说一个句子,并针对句子提问,让学生用生词回答。如“我喜欢吃偏甜的菜。我喜欢吃什么?”学生回答“偏甜的菜”。教师继续追问“偏甜的菜有哪些?”以检验学生是否真正理解了词语的意思。

接着,在“听语料,做练习”环节,教师有意识地引导学生运用生词,并利用合适的上下文语境训练学生猜测生词的能力。

最后,结合所学课文内容,适当补充听力训练材料,扩大学生的听力词汇量。

#### 3. 处理表达形式

表达形式的处理可以按照“展示—解释归纳—操练”的顺序进行。具体做法可参考第三章。

### (四)听时练习与检查反馈

#### 1. 听前提问

听课文之前,教师要提出问题,让学生听时有一个注意的方向。提问题时要根据课文的类型,提一些基本的、概括性的问题。对话语料要围绕谁跟谁谈话、什么时候、在哪儿谈话、谈论的话题等进行提问;记叙文语料要围绕人物、时间、地点和情节等进行提问;议论文语料要围绕论点、论据和论证方法等提问。提问时,教师要口头说出问题,要求学生边听边记问题要点。

#### 2. 听第一遍课文,回答问题

学生带着问题听课文,然后回答问题。问题回答对了,说明学生捕捉到了相关信息;如果学生不能正确回答问题或者回答得不完整,说明学生没有能够完全捕捉到有用的信息,这时,教师不要急于给出现成答案，要把学生没有捕捉到的信息转化成问题。

### 3. 补充提问

对转化出来的问题，教师进行补充提问。具体方法：教师口头说出问题，要求学生边听边记问题要点。

### 4. 听第二遍课文，回答补充问题

学生带着补充问题，再听课文，完善问题答案。如果材料较长，也可以分段去听。

### 5. 做练习，检查反馈

练习形式一般采用选择正确答案、判断正误、填空等题型，考察的一般是细节性问题。练习完成后，教师要检查反馈答案。做选择题时选出某项，可以提问其根据，一人回答不出来，其他人补充；判断题做错时，要求学生把错的地方标注出来，或加以说明哪儿错，为什么错；对普遍存在的问题或者分歧比较大的，教师要进行重点讲解分析。

### 6. 听第三遍课文

听第三遍课文的目的是查漏补缺，进一步巩固听力理解成果。

**【案例7】**[①]

**《汉语听力速成·基础篇》第8课《休闲娱乐》**

下面是窦玉荣老师对课文一的处理：

听前提问：

①大卫写了多长时间汉字？现在觉得怎么样？

②大卫想做什么运动？彼得想去吗？

③他们说了哪几种运动？

---

① 案例选自窦玉荣：《休闲娱乐》，载《对外汉语听说课优秀教案集》，崔希亮主编，北京语言大学出版社，2011，第2-22页。

④最后他们决定去哪儿？

参考答案：

①写了半天汉字，手都酸了。（半天：很长时间；酸：累）

②大卫想出去打球。彼得不想去。

③散步、打球、游泳。

④去学校旁边的宾馆游泳。

听第一遍课文，回答上面的问题。

补充提问：

⑤他们为什么不去散步？

⑥他们为什么不去打球？

⑦他们为什么决定去游泳？

⑧他们游完泳去哪儿？ 做什么？ 那儿怎么样？

参考答案：

⑤彼得不喜欢散步。

⑥天儿太热。

⑦游泳可以锻炼身体，还能凉快凉快。

⑧去咖啡厅喝点儿东西。那儿的环境不错。

听第二遍课文，回答补充问题。

根据课文内容填空。

大卫写了半天汉字了，他想出去打球，但是彼得不想去，因为天儿太热。彼得也不喜欢散步，他想去游泳，因为不但可以锻炼身体，而且能凉快凉快。他们决定去学校旁边的宾馆游泳，游完泳去宾馆的咖啡厅喝点儿东西，那儿环境不错。

最后再听一遍课文。

### （五）总结和布置作业

总结主要是讲评学生课堂表现并对本次课学习的重点和难点进行总结，以便学生课后复习和练习。听力课课后作业包括两个方面:一是对本次课教学内容进行拓展练习,二是预习下次课将要学习的生词。

## 三、听力课教学应注意的问题

### (一)平衡好知识传授与听力技能训练的关系

听力课教学既要进行听力技能的训练,又要传授语言知识、文化知识。教学中要注意处理好两者关系,要以听力技能训练为主,但也不能忽视知识教学,因为听力能力的提高离不开知识的输入。

### (二)体现听力课课型特点

听力课的特点决定了无论是语料的输入还是教学操练方法的输入都要以听觉渠道的输入为主。生词的输入、表达形式的输入、背景知识的输入都要优先采用听觉渠道的输入方式;听力操练也要优先选用听辨、听译、听后回答、听后模仿跟读、听写等形式。以听觉渠道输入为主应该作为听力课的一个教学原则。

### (三)处理好"听"与"说、读、写"的关系

听力课要以"听"为主,也不排斥"说、读、写"。但在听力课上,"说、读、写"只是辅助手段,都应该为"听"服务。例如听力课中的"说"与口语中的"说"不同,它不是为了表达,而是为了帮助记忆、检查听的质量和效果或者活跃课堂气氛,避免只"听"带来的单调。所以,听力课对"说"的要求不能像口语课那样苛刻。听力课上的"写",可以写汉字、写拼音、写母语、写符号,也可以用同义词、同音词代替,只要能说明听懂了语料就行。

## 四、案例学习与研讨[①]

### 《高级汉语听力》上册[②]第 1 课《网络聊天儿》

#### （一）组织教学

上课铃声响起，班长下令全班同学起立并向老师报告出勤情况，教师宣布开始上课。

#### （二）新课导入

通过提问方式导入新课。教师让学生自行表述、讨论，然后加以补充，最后导入本课主题。

问题：（1）以前人们交流和联系常用什么方式？现在呢？

（2）你每天用于网络聊天儿的时间有多少？

（3）传统聊天儿好还是网络聊天儿好？

#### （三）生词讲练

具体步骤：生词释义→举例说明→教师答疑→学生举例。

**1. 酒会**

形式较简单随意，用酒和点心待客的宴会。（名）

新年酒会　圣诞酒会　毕业酒会　公司酒会

**2. 沙龙**

法语词“salon”的音译。（名）

（1）17 世纪末和 18 世纪初法国巴黎的文人和艺术家常接受贵族妇女的招待，在客厅集会，谈论文艺，后来把文人雅士清谈集会或

---

① 案例由黄晓晔老师提供。

② 教材由李铭起主编，2013 年 9 月北京语言大学出版社出版。

集会的场所叫作沙龙。

参加沙龙　举办沙龙　贵族沙龙

她一年中从传媒接受的文化信息，远远超过以前贵族们一生中在沙龙和剧院中的所得。

（2）泛指文学、艺术等方面人士的小型聚会。

文学沙龙　学术沙龙　音乐沙龙　摄影沙龙

### 3. 海阔天空

像大海那样广阔，如蓝天那样空旷。

（1）形容大自然的广阔。

一场大雨过后，乌云散去，海阔天空。

忍一时风平浪静，退一步海阔天空。

（2）形容想象或者说话毫无拘束、毫无边际。

有时和他闲聊，谈绘画、书法、音乐，真是海阔天空。

吃饭时我们经常坐在一张桌子旁海阔天空地聊。

她是个喜欢海阔天空地幻想的姑娘，书读得越多，想得也越多。

### 4. 谈资

谈话的资料。（名）

城市里的人，把旅游当成日常的谈资。

她整容失败的事，最近成了大家茶余饭后的谈资。

### 5. 助兴

帮助增加兴致，增加欢乐的气氛。（动）

歌舞助兴　饮酒助兴

为了增加气氛，举办者邀请了国内著名的歌舞团演出助兴。

他准备在家举行一次“音乐沙龙”，邀请本市音乐界知名人士前去助兴。

您来段京剧给大家助助兴吧！

### 6. 消闲

消磨空闲时间。(动)

他打游戏主要是为了消闲。

逛街,这个最受女性欢迎的消闲方式,同时也是一种很好的有氧运动。

### 7. 填补

填充空白。(动)

(1)把凹陷的地方塞平或填满。

填补路面/桥面。

他的那颗蛀牙是用新型材料填补的。

(2)补足空缺。

他的研究成果填补了这个领域的空白。

她用大量的阅读填补精神的空白。

### 8. 低廉

便宜。(形)

提问:在使用上,“低廉”和“便宜”有何区别?

比较:

这个书包真便宜! √

这个书包真低廉! ×

这个书包的价格十分低廉。√

“便宜”可以直接描述某种东西,而“低廉”常与“价格”“费用”等搭配使用。例如:

这台洗衣机的价格十分低廉。

网络电话费用低廉,近年来发展迅速,但通话效果不佳。

这种洗衣盆成本低廉,并且轻便耐用。

### 9. 初出茅庐

初次出来做事,比喻初入社会或者刚到工作岗位上,缺乏经验。

他初出茅庐，经验虽然不足，但工作热情很高。

**10. 隔墙有耳**

隔着一道墙，也有人偷听。比喻秘密有可能被别人知道。也用于劝人说话小心，免得泄漏。

你说话小声点儿，隔墙有耳！

不论他在自己家中干些什么，总是觉得隔墙有耳。

**11. 图文并茂**

书里面既有文字，又有图片，内容丰富多彩。

网络聊天儿可以做到图文并茂。

这本小型画册图文并茂，具有很高的欣赏价值。

提问：声情并茂是什么意思？

生词学习完以后，教师领读两遍，学生齐读一遍。教师有意识地再让语音问题比较明显的学生个别朗读并及时正音。

（四）听录音做练习

**1. 听第一遍录音，回答问题**

（1）带领学生齐读问题。要求学生在读题过程中标出关键词，并运用猜测联想微技能对题目进行初步预测。

①现代通信技术出现前，人们最寻常的交流方式是什么？

②为什么正式的访谈和会议都不能算作传统聊天儿？

③传统聊天儿最主要的社会功能是什么？

④QQ 是在什么样的背景条件下出现的？

⑤为什么 QQ 会受到青年人的喜爱并流行起来？

⑥对大多数青年来说，网络聊天儿突破了什么限制？

⑦QQ 族在刚刚开始网聊时大都是一种什么精神状态？

⑧与传统聊天儿相比，网络聊天儿的一大好处是什么？

（2）确认学生理解问题的意思。

（3）听录音。要求学生在听的过程中做笔记，训练速记能力。

（4）回答问题。要求学生根据关键词回忆所听到的内容，找寻问题的答案。一位学生回答不对，其他学生进行补充。

（5）教师反馈。对最终回答不准确、不全面的问题教师提醒听第二遍时加以注意。

参考答案：

①传统的聊天儿，也就是面对面地对话。

②传统聊天儿的特点在于无目的性。

③消闲。

④网络聊天儿的出现。

⑤扩大了交际范围，降低了交往成本；满足青年人的新奇，暂时放松身心。

⑥人际圈子小，结交新朋友机会少成本高。

⑦兴奋、新奇、轻松。（一时忘掉现实生活的责任感，摆脱社会规范的束缚）

⑧秘密性（借助文字的形式，避免隔墙有耳的担忧），更重要的是可以图文并茂，声情并茂。

### 2. 听第二遍录音，判断正误

（1）带领学生齐读题干。

①家人团聚也算作一种传统聊天儿。

②传统聊天儿的特点是无目的性。

③电视的出现让传统聊天儿失去了主导地位。

④电子游戏能替代聊天儿满足人们的精神需要。

⑤电子游戏带给青年人的新奇和喜悦更大。

⑥网络聊天儿的费用并不高。

⑦网络聊天儿并没有真正扩大交际范围。

⑧网络聊天儿避免了隔墙有耳的担忧。

（2）确认学生理解题干意思。

(3)学生边听边判断正误,并做简单记录。

(4)请学生判断正误,并说明原因。其间,有异议者可以说明自己的观点。

(5)教师确认无争议问题的正确答案。对于有争议的地方,再听一遍或再读一遍后,确认正确答案。

### (五)小结及布置作业

#### 1. 小结

(1)11 个生词,其中难点是三个成语:初出茅庐、隔墙有耳、图文并茂。

(2)精听中的难点:重点关注回答问题中的第 4、5、7 题和判断题中的第 3、4、5 题。

#### 2. 作业

(1)复习本课内容。

(2)听抄练习准备。

(3)准备精听练习三"说一说":互联网的普及给人们的交流带来哪些变化。

## 思考与讨论

1. 举例说明语言知识教学对听力理解的重要性。

2. 下面是一段听力材料。假如其中的"延误"是个生词,应该怎么指导学生猜测这个生词的意思?

坐飞机旅行,如果碰上天气不好,有时候飞机就会延误。有一次我坐飞机回韩国,我所在的城市阳光明媚,天气好得不得了,可是眼看着飞机起飞的时间到了,飞机仍然没来,原来飞机还在另一个城市,因为那个城市天气不好,结果那次飞机晚点三个小时。

还有一次，我的一个朋友冬天坐飞机，碰上下大雪，结果飞机整整延误了24个小时，他只好和其他的乘客一起被安排在一个宾馆住了一夜，到第二天才上飞机。

3. 阅读下面的案例，说一说你同意哪位老师的做法，为什么？

小张老师和小王老师都是听力课老师，他们在对听力文本材料的处理上采用了不同的方法。小张老师总是在学习新课前把听力文本发给学生，让学生预习；小王老师却是在学习完以后，把听力文本发给学生，让学生复习。

# 第七章

# 口语课怎么教

说是人们利用发音器官，把大脑中形成的内部语言变成有声语言进行传递的过程。在听、说、读、写四项技能中，说被认为是使用频率最高的一种技能，它也常常被当作评价第二语言水平高低的标准。口语课是培养学生口头交际能力的一门课程。具体来说，就是要训练学生运用语音、词汇、语法以及各种功能项目表达自己的要求、想法，突出"说"这一技能训练，教给学生在什么场合对什么对象说什么、怎么说。

## 一、口语课教学内容

口语课的教学内容主要包括语言知识的传授、口语交际能力的训练和培养。

### （一）语言知识

语言知识是口语表达不可缺少的要素，语言知识的输入能够保证口语输出的正确性和观点的准确性。例如，在一次口语课堂上，学生们正在讨论喝酒对身体的影响。一种观点认为喝酒对身体有害，另一种观点认为喝酒对身体有益。两种观点针锋相对，吵得不可开交。老师见状，补充了两个生词“过量”和“适量”，并告诉学生它们的意思，课堂争吵很快就停止了。

口语课教学要帮助学生尽可能多地输入语言知识，为下一步将语言知识转化为口语能力奠定基础。

### （二）口语交际能力

培养口语交际能力是口语课的核心任务。口语交际能力包括语法能力、语篇能力、社会语言能力和策略能力。

语法能力包括语音、词汇、语法等方面知识的综合运用能力。口语课对语音能力的要求比较高，因为说话时声、韵、调的准确与否直接影响交际效果。例如，在餐馆里由于声、韵、调问题闹出的笑话非常多。一外国留学生去餐馆吃饭，老板问吃什么，回答说：“我要睡觉。”老板说：“你要睡觉就去睡呗，干吗跑我店里来？”原来她要的是“水饺”，发音不准，说成了“睡觉”。还有一留学生点餐时把“包子”说成“报纸”，引起误解，影响了交际效果。所以，口语课要使学生把握音素的发音部位和发音方法，掌握音节的拼读和声调，较快而又准确地适应中文发音的特点。口语课中词汇、语法运用能力的培养也不能忽视。

语篇能力主要包括话语衔接和连贯、话轮转换、话语语篇模式的恰当运用等。衔接和连贯指运用词汇、语法等手段使前后话语在形式上和语义上互相关联。例如，有学生说了下面一段话：“青岛有很多风景名胜，崂山是非常有名的。崂山很好。之后，我到沈阳去了。真是太冷了！每一天都是零下！我在沈阳足足待了两天！”这段话单独看，每个句子都是对的，但放在一起，读起来非常别扭。原因就是句子与句子之间缺少衔接和连贯，语篇方面出了问题。话轮转换常选用标记语、语音变化、体态语等方式。例如，当一个人说完一个话轮，下面想让另外一个人（小张）承接话轮时，他可以说：“小张，你有什么建议？”或者重读“小张”，句末用升调，再或者微笑，眼睛睁大，直视小张。话语语篇模式也就是话语的基本结构，例如，比较正式场合（第一堂口语课）自我介绍语篇包括打招呼、个人信息介绍、寒暄、感谢等。口语语篇能力的培养是口语教学中的薄弱环节，口语训练急待加强。

社会语言能力指理解交际赖以发生的社会背景的能力。例如，同样一句话："听说你病了，你应该多吃点蔬菜和水果，可以增强免疫力。"如果对一个中国人说，他会欣然接受并表示感谢；如果对一个西方人说，他很可能觉得你病了，在胡言乱语。为什么好心没好报？原因就是说话人的社会语言能力不足。

策略能力指口语表达中各种交际策略的运用能力。例如，学生在做口语汇报时常常会遇到没有学习过的生词，有的同学可能会换一个学过的意思差不多的生词，有的同学会用外语翻译词语，还有的同学会利用表演、画画等方法解决问题。其实，这些做法都是在运用不同的交际策略。

## 二、口语课教学的环节与方法技巧

口语课包括以下几个教学环节：组织教学、复习旧课、新课导入、处理生词、处理课文、开展拓展性的口语活动、总结和布置作业。

### （一）组织教学

组织教学常用的方式是师生问好，也可以采用班长或者值日学生向老师报告出勤情况的方式。此教学环节的目的是吸引学生注意，调整学生状态，迅速进入课堂教学模式。

### （二）复习旧课

复习旧课常常是复习前一次课的教学内容，也可以是复习前几次课或者是以前学过的但跟本次课相关的某一个教学内容。目的有三个:一是检查学生对已学内容的掌握情况;二是复习巩固已学内容;三是为新课学习做好铺垫。

### (三)新课导入

口语课的导入主要是围绕新课的话题、功能,以问题为导向进行。

【案例1】

**《新目标汉语口语课本6》[①]第7单元《低碳生活》**

教材是这样设计新课的导入的:先是提问题:"你认为现在最严重的环境问题是什么?"然后在问题下方展示了三张图片:第一张是在严重雾霾笼罩下的城市图片,第二张是轿车、公共汽车在马路上排起长队、交通拥堵的图片,第三张是一头北极熊在融化的冰水中孤独停留的图片。

第7单元的话题是环境保护,编者围绕这一话题设计问题、编配图片,能够快速激发学生对单元话题的关注与兴趣,提高表达欲望。

【案例2】

**《汉语听说教程》二年级上册[②]第10课《牢骚满腹》**

第10课要学习的主要功能是抱怨与指责,围绕这一功能设计的导入问题如下:

问题1:最近遇到过什么让你不开心的事情吗?

问题2:遇到让你不满意、不开心的事情时,你会怎么处理?

这种涉及自身经历的问题,是学生比较熟悉也比较容易表达的问题。通过这些问题的讨论可以迅速把学生带入新课的学习情境。

---

① 教材由毛悦主编,2016年6月北京语言大学出版社出版。

② 教材由赵菁主编,2000年3月北京语言大学出版社出版。

### （四）处理生词

口语课生词处理可以根据情况把所学生词进行分类，比较容易处理的放在此环节，比较难的、跟课文联系紧密的或者本课重点生词可放在课文环节进行处理。本环节处理生词可以采用下面一些方法：

#### 1. 主题式

口语教材常常围绕一个主题、话题或者功能来编排。这样的编排方式使得生词之间有内在联系，常常围绕同一主题，"物以类聚"。在处理生词时，可以充分利用这个特点。

【案例3】[①]

**《汉语口语速成·提高篇》[②]第2课《健康第一》**

生词：住院、山坡、滚、摔、骨折、皮肉、至于（在课文中处理）、伤口、发炎。

由于要学习的生词都是名词和动词，比较简单，所以采取板书图画、讲故事串讲生词的方式，引导学生说出生词。

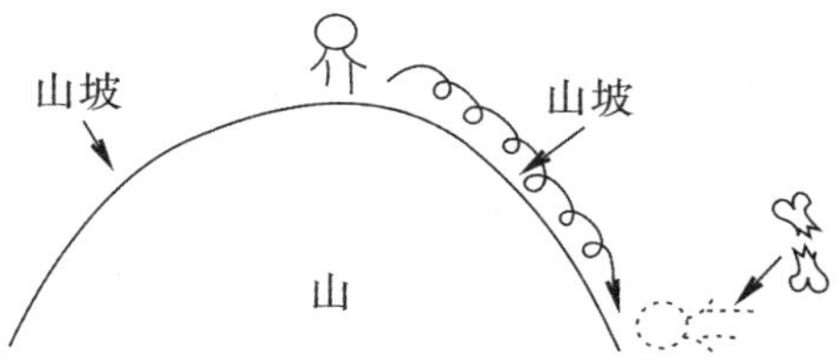


① 案例选自王镁：《健康第一》，载《首届"北语社杯"对外汉语教学资源大赛优秀作品选》，北京语言大学对外汉语教材研发中心编，北京语言大学出版社，2014，第302-303页。

② 教材由马箭飞主编，2007年3月北京语言文化大学出版社出版。

①这是什么？（山）

②山两边是什么？（山坡）

③他爬山不小心从山坡上（板书动作）……？（滚下来）

④人从山坡上滚下来会怎么样？（摔倒了、摔坏了、摔伤了、皮肉受伤了、骨折了、有伤口）

⑤要是伤口不能及时包扎可能会怎么样？（发炎）

⑥要是骨折了应该怎么办？（住院）

⑦病好了以后呢？（出院）

围绕某一主题处理生词的同时，还可以根据情况补充相关主题的生词，如案例3，通过问题⑦补充了生词“出院”，与本课要学习的生词“住院”对应，方便学生掌握。

### 【案例4】①

**《汉语口语速成·提高篇》第13课《特别的经历》**

生词：走运、倒霉、抛锚。

(1)（教师引导语）我们每天都会经历各种各样的事情，有的时候运气好，有的时候运气不好。

用PPT展示图片+教师依次提问，随着学生的回答，依次显示目标语：

①运气好可以怎么说？（走运）

②运气不好呢？（倒霉）

③特别倒霉的人叫作——（倒霉蛋儿）

④特别走运的人叫作——（幸运儿）

(2)（教师引导语）请大家想想日常生活中会发生哪些倒霉事儿。

---

① 案例选自魏耕耘：《特别的经历》，载《对外汉语听说课优秀教案集》，崔希亮主编，北京语言大学出版社，2011，第162–183页。

用 PPT 展示图片+教师依次提问，随着学生的回答，依次显示目标语：

（生病了、钱包丢了、手机掉到厕所里了、照相机摔坏了、腿摔伤了）

①要是出去旅行发生这些倒霉事儿，你的计划没有实现，可以怎么说？（旅行计划泡汤了。）

②我们以前还学过一个词，跟“泡汤”意思一样，是——（旅行计划落空了。）

③洗澡的时候没有水了，用“$V_1$ 着 $V_1$ 着，$V_2$”怎么说？（洗着洗着，没水了。）

（3）（教师引导语）我们坐车、开车的时候会遇到什么倒霉事儿？

用 PPT 展示图片+教师依次提问，随着学生的回答，依次显示目标语：

展示图片（走错路了/迷路了）。

展示图片（没有汽油了）。

要是没有汽油了应该去哪儿？展示图片（加油站）。

展示图片（汽车抛锚了）。

汽车抛锚了，想坐别人（可能是不认识的人）的车，叫什么？（搭车）

展示图片（发生交通事故了、撞车了）。

这些倒霉事儿都是开车的时候发生的，如果用“$V_1$ 着 $V_1$ 着，$V_2$”怎么说？

（开着开着，走错路了。/开着开着，抛锚了。/开着开着，没有汽油了。）

此案例充分运用了主题式教学法。本课主题是说“倒霉”的经历，魏耕耘老师首先找出明显表达“倒霉”经历的生词，根据课文内容及学生水平固定两个倒霉主题：“日常生活中的倒霉事儿”和“开车坐车时可能发生的倒霉事儿”，然后根据两大主题汇总已经学过的相关生词、短语和小句。这样做不但学习了本课词语，还复习巩固了已学词语，有助于新旧知识的融会贯通。另外，在围绕主题学习生词时，魏老师还把相关的短语、句子纳入进来，一方面丰富了主题，另一方面也为下一步课文的学习搭好了脚手架。

### 2. 情境式

对于意义抽象的词语，设置具体的情境有助于理解其意义和用法。

#### 【案例 5】[①]

**《高级汉语口语》[②]第 1 册第 9 课《电视这东西》**

生词：曝光。

PPT 出示一张伍兹的照片。

引导语：你们认识他吧？ 他是——

目标语：他是著名的高尔夫球运动员伍兹。

引导语：他球打得很好，这个我们都知道。但是最近他还有一些事情让大家都知道了。

目标语：对，是关于他的一些丑闻。

引导语：这些丑闻伍兹本人肯定不想让大家知道，可是公众却都知道了，这是为什么？

目标语：因为电视、网络、报纸等媒体给他曝光了。

讲解语：对，这样负面的信息或者不好的事情通过媒体被公众知道了，就是“曝光”。

老师提问：还有哪些名人的负面新闻被媒体曝光过？

具体操作：教师请两位学生个别发言。

---

① 案例选自王磊：《电视这东西》，载《对外汉语听说课优秀教案集》，崔希亮主编，北京语言大学出版社，2011，第 207–252 页。

② 教材由刘元满等编著，2004 年 9 月北京大学出版社出版。

### 【案例6】[①]

## 《汉语口语速成·提高篇》第13课《特别的经历》

生词：每况愈下、闷闷不乐、畅所欲言、夸大其词、抛砖引玉、针锋相对、支离破碎、名声扫地、各抒己见。

情境1：马克最近的学习成绩直线下降，他的心情很糟，高兴不起来。

目标语：马克最近的学习成绩每况愈下，他每天都闷闷不乐的。

情境2：老师希望同学们能尽情说出想说的话，有什么说什么，但是不要谈大话、空话。

目标语：老师希望同学们畅所欲言，但是要实事求是，不要夸大其词。

情境3：他希望通过自己的发言引出更多我对这个问题的看法，但没想到刚说完，其他人就激烈地反驳他，观点与其完全相对。

目标语：他希望通过自己的发言能抛砖引玉，但是没想到其他人的观点与他针锋相对，十分激烈地反对他。

讲解语：中国人当众发表观点时常用“抛砖引玉”这个成语，这是中国人说话表达时比较谦虚的表现。

情境4：本来小有名气的一个导演，因为把完整的一幕大戏弄成了零散的六幕剧，丧失了观众对他的好评。

目标语：本来小有名气的一个导演，因为把完整的一幕大戏弄得支离破碎，而名声扫地。

情境5：青年学生的思维十分活跃，只要老师给他们就某个问题说出自己意见的机会，他们会从古到今，从中到外，能想到的都说到。

目标语：青年学生的思维十分活跃，只要老师给他们各抒己见的机会，他们谈到的内容信息量相当丰富，古今中外，应有尽有。

---

① 教材由马箭飞主编，2007年3月北京语言文化大学出版社出版。

上述案例5通过设置情境帮助学生弄清"曝光"的意义和搭配对象;案例6通过设置情境帮助学生掌握成语的用法。

### 3. 检查式

处理生词前,教师都会布置预习生词的任务,如果学生预习质量比较好,教师处理生词时不必面面俱到,只需要通过检查,发现存在的问题,针对问题进行教学。这样可以节约宝贵的时间用于口语技能的训练。检查学生生词预习情况有多种方法,常用的有教师说词义学生猜词、词语连线搭配、选择合适的词语填空、教师设定情境学生给出句子等。检查可以通过课前热身进行,也可以通过学生课前自测实现。

【案例7】

**教师说词义学生猜词**

**《发展汉语·高级口语(Ⅱ)》[①]第2课**

**课文2《结婚证设有效期可能带来的趣事》**

生词:情侣、一见钟情、真命天子、秘诀、权势。

教师:相恋中的男女或者其中一方。

学生:情侣。

教师:一个成语。第一次见面就互相喜欢,常用于男女爱情。

学生:一见钟情。

教师:一个成语。用来指女子生命中的另一半。

学生:真命天子。

教师:两个字的名词。不为别人所知的高明办法。

学生:秘诀。

① 教材由李禄兴等编著,2011年9月北京语言大学出版社出版。

教师:两个字的名词。权力和势力。

学生:权势。

说词义猜生词如果仅仅用于检查预习和复习情况,难度应该不太大。因为生词的范围不大,是有限定的。

**【案例8】**

**词语连线搭配**

| | |
|---|---|
| 恭贺 | 严肃 |
| 主持 | 婚礼 |
| 笑容 | 新喜 |
| 夫妻 | 满面 |
| 气氛 | 恩爱 |

**【案例9】**

**选择合适的词语填空**

A. 缩小　B. 缩短　C. 下降

(1)见面打个招呼能______人和人之间的距离。

(2)跟九月比,十月夜间温度________了十几度。

(3)“同志”这个词的使用范围______了。

**【案例10】**

**教师设定情境学生给出句子**

根据上下文情境,用“难得”完成句子。

(1)________________________,多住几天吧。

(2)______________________,我一定会珍惜的。

(五)处理课文

处理课文环节一般分为两个步骤:展示课文、讲练课文。

### 1. 展示课文

展示课文可以完整展示，也可以分段落、分部分展示。具体怎么做，要根据课文长短、学习内容、讲练方便度等因素综合考虑。口语课课文展示要尽量体现口语课的课型特点，把“说”摆在首位。

【案例 11】

《成功之路·起步篇 1》第 7 课《银行在哪儿》

（1）PPT 展示课文图片。

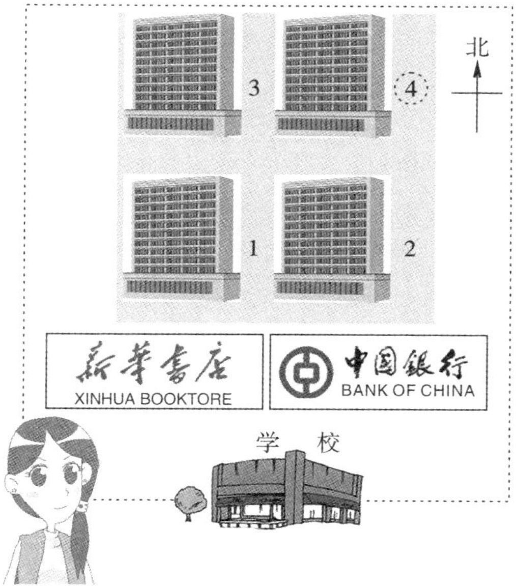


（2）教师边指点边领说课文，学生边看图边跟说课文。

这是我们学校。这是书店，那是银行。银行在书店东边。宿舍楼都在北边。1 号楼、2 号楼在前边，3 号楼、4 号楼在后边。那座楼是 4 号楼，我的宿舍在 4 号楼。

上述案例配合图片，调动学生多个感觉器官，听、看、说三方面结合，但重点还是说。这种展示方法比较适合初级口语课。中、高级口语课课文较长，学生中文水平较高，常采用朗读课文的方法进行展示。朗读课文可以分角色朗读、学生齐读、接龙读、教师带读等。

### 2. 讲练课文

讲练课文可以按照以下几个步骤进行：

(1)教师根据课文内容设计问题，引导学生回答，通过师生问答使学生理解课文意思。教师也可暂时跳出课文，设计跟课文内容相关的问题，引导学生进行讨论，深化对课文问题的认识。

(2)学生回答问题时，教师尽量要求使用课文中的生词、重点词语和表达形式，然后根据情况对重点词语和表达形式进行讲解和操练。

(3)总结课文结构。目的是使学生了解不同类型语篇的结构特点，培养语篇能力，同时也为下一步整体操练课文做好铺垫。

(4)角色表演或复述课文。

**【案例 12】**

**《新目标汉语口语课本 6》第 2 单元《十年树木，百年树人》**

**任务一：虎妈的故事**

短文讲练可按照如下步骤进行：

(1)教师根据内容提问题，学生用所要求的词语进行回答并对重点词语进行讲练。

①蔡美儿是哪国人？做什么工作？（华裔）

②她为什么被称为“虎妈”？（因……被……）

重点讲练“被称为……”

“被+动词+为/作……”表示被当成什么。例如：

a. 杭州因为风景优美、气候舒适，被称为“人间天堂”。

b. 孔子的教育思想对后代中国人影响很大，因此，孔子被看作中国最早的大教育家。

此处可以扩展讲述：

用“被称为……”改写句子：

a. 常先生采用民主、宽松的家庭教育方式，培养出“哈佛女儿”，媒体把他称为“猫爸”。

b. 常先生的女儿学习非常好，同学们叫她“学霸”。

c. 常先生的育儿观念是“放养”，就是不给孩子过多约束，让他们自然成长。

③她的育儿经怎么样？（在……引起了轰动）

④蔡美儿是怎么长大的？为什么她要让孩子跟她一样？（在……成长、体罚、典范）

⑤孩子违犯家规，会有什么样的后果？（一旦……就……）

⑥她培养的两个女儿怎么样？（在……下、登上……舞台、首席）

⑦美国妈妈怎么评价两个女儿？（彬彬有礼、被……看作……）

⑧你觉得两个女儿怎么样？

(2)概括总结课文结构。

课文包括三个部分：

| 课文结构 | 所用语句 |
| --- | --- |
| ①介绍虎妈 | （名字、职业）在……引起了轰动 |
| ②虎妈教育孩子的方法 | 在……成长、体罚、典范、一旦……就…… |
| ③孩子们现在的情况 | 在……下、登上……舞台、举止彬彬有礼、被……看作…… |

(3)根据上面表格复述课文内容。

### （六）开展拓展性的口语活动

拓展性的口语活动可以安排在某一课、某一篇课文或者某一篇课文的某一个部分学习完之后。

本环节的口语活动是对之前所学内容的综合运用，一方面要以教学内容为基础，但同时要有一定程度的拓展和升华。口语活动的设计要与所学课文主题内容和语言重点相呼应。口语活动的形式可以灵活多样，但重点是要突出口语表达训练。常用的口语活动形式有角色表演、讲故事、调查报告、小组讨论、辩论、演讲等。

### 1. 角色表演

本环节的角色表演不同于课文讲练环节中的角色表演，如果说课文讲练环节中的角色表演是按照课文脚本进行再现，本环节的角色表演则是对改编过的脚本进行演练。

**【案例13】**[①]

**《初级汉语口语》下册[②]第21课课文2《我是来找工作的》**

课文内容是小张看到了中实公司的招聘广告，来公司经理办公室找工作与秘书的对话。王老师指导学生操练（学生根据关键词语说课文、角色表演课文）完课文以后，开展了一个拓展性的口语活动。由学生充当秘书，教师充当王经理，秘书向经理转述小张来公司的经过。这个活动也是一个角色表演，但跟操练部分的角色表演相比，明显增加了难度。

### 2. 讲故事

讲故事是练习独白的一种有效训练方式。可以让学生按指定词语或图画编讲故事，也可以由教师起头，其他学生轮流续讲故事，还可以让学生先看一个视频材料，然后按要求讲故事。

① 案例选自王治敏：《我是来找工作的》，载《对外汉语听说课优秀教案集》，崔希亮主编，北京语言大学出版社，2011，第115页。

② 教材由戴桂芙等编著，1998年4月北京大学出版社出版。

**【案例 14】**[①]

## 《汉语口语速成·提高篇》第 13 课《特别的经历》
## 课文 1《今天真倒霉》

《今天真倒霉》是一篇叙述体课文，讲的是几个朋友在旅游途中遇到车子抛锚、落马摔伤等倒霉的经历。

根据课文主题，魏耕耘老师选择电影《人在囧途》为活动材料，让学生观看剪辑后的视频，并参照课文语篇结构，讲述一个新的倒霉的故事。具体设计如下：

讲故事《两个倒霉蛋儿——春节回家的倒霉经历》

（1）要求：三个人一组，请用我们学过的生词、短语和表达方式，以及课文结构，讲一讲电影里发生了什么故事。

（2）提示词和表达方式：

彩票、中奖、返航、偏偏、泡汤、祸不单行、美、倒霉、幸运；

别提多+形容词+了；$V_1$ 着 $V_1$ 着，$V_2$；按理说……可是……；九牛二虎之力；你说倒霉不倒霉？

（3）目标语段：

春节快要到了，小马和王经理打算一起回家。王经理很幸运，买彩票中了大奖，这个大奖是一辆面包车。所以他们俩就开着这辆面包车回家，别提多美了。小马开车，在路上，他太累了，开着开着睡着了，王经理把他叫醒，可是小马不承认自己睡着了，他一边开车一边跟王经理说话，说着说着，突然发生事故了，车翻了。然后他们决定坐飞机回家，飞机马上就要到达目的地了，这个时候，出现了大雪天气，飞机不得不返航了，他们回家的计划又泡汤了。按理说春节应该跟家人一起庆祝，可是他们俩费了九牛二虎之力也没回家，你说倒霉不倒霉？

---

① 案例选自王镁：《健康第一》，载《首届“北语社杯”对外汉语教学资源大赛优秀作品选》，北京语言大学对外汉语教材研发中心编，北京语言大学出版社，2014，第 302－303 页。

### 3. 调查报告

**【案例15】**

**《发展汉语·高级口语Ⅰ》(第2版)[①]第4课《爱上搜索》**

活动步骤如下:

(1)根据“个人调查表”,课下调查你的同学或朋友,每人调查5人,填好调查表。

**个人调查表**

| | |
|---|---|
| 姓名 | |
| 性别 | |
| 年龄 | |
| 每天上网时间 | |
| 上网目的(通信、购物、学习、娱乐等) | |

(2)课上3~4人一组,根据“小组统计表”统计调查结果,讨论整理对问题的看法。

**小组统计表**

| | |
|---|---|
| 上网时间最短多少小时 | |
| 上网时间最长多少小时 | |
| 上网时间平均多少小时 | |

① 教材由王淑红编著,2011年11月北京语言大学出版社出版。

续表

| | |
|---|---|
| 你们小组认为每天上网多长时间比较合适 | |
| 上网目的中提到最多的是哪一项 | |
| 关于在网上学习汉语这个问题，你们小组有什么意见和建议 | |

(3)小组代表向全班报告调查讨论结果。

(4)小结：集体讲评。

**4. 小组讨论**

小组讨论是口语课常用的口语活动方法。分组时，教师要考虑学生的国籍、性别、性格、中文水平等因素；讨论前，教师要明确要求，比如讨论什么问题、学生分工（时间控制、记录、代表小组进行班级汇报）、讨论结果如何展示；讨论过程中，教师要进行巡视，随时为学生提供帮助；讨论后，教师要对学生讨论的结果做出反馈评价。小组讨论和班级讨论也可以轮流进行。

**【案例 16】**

**《汉语听说教程》二年级上册第 9 课《人逢喜事》**

第 9 课《人逢喜事》包括三篇课文，其中第一篇课文是《恭贺新婚》，主题是介绍中国人的结婚习俗。学习完课文以后，我们以“说说中国的结婚习俗和你们国家的有什么不同”为题目设计了一个小组活动。具体过程如下：

(1)活动分组

把全班同学分成三组，每组 3 ~ 4 人。分组时除了考虑人数、中文水平的均衡以外，还考虑国家的均衡，尽量把同一个国家的学生分到不同的小组，使得交流内容多样性。

(2)说明活动完成要求

这是一个比较题。可以以本课学习的中国婚俗为起点，一一对比他国婚俗，发现不同点。告知讨论结果要以每组推荐一个代表形式进行班级汇报。

(3)小组口语交流

教师指定或者学生轮流充当小组长主持小组活动，组员根据前期准备情况依次发言，最后小组协商，推荐代表在班级发言。教师在不同小组间串场，注意倾听学生的表述，并对需要修正的地方做好记录，提出问题，当场指导。

(4)小组代表进行班级汇报

班级汇报主要展示小组交流成果，是对小组活动的总结，要有概括性。

(5)班级讨论交流

讨论交流与班级汇报交叉进行，一个小组汇报完毕，马上进行讨论交流，然后再进行下一个小组的汇报，再讨论交流。讨论交流在教师的主持下进行，台下同学提问，台上代表回答，遇到问题时，教师提供帮助。

(6)活动评估

师生一起对每个小组的课堂表现及口语任务的完成情况进行评估，评出本次活动表现最好的一组。

(7)小结

对口语活动中重要的语言形式、话题、任务完成情况等内容进行简单归纳梳理。

**5. 辩论**

辩论对学生的听力理解能力、快速反应能力、语篇组织能力等都有较高要求，所以一般在高级口语课中使用。辩论之前，正反双方都要做好充分准备。

**【案例 17】**[①]

### 《高级汉语口语》第 1 册第 9 课《电视这东西》

《电视这东西》是一档电视谈话节目，在主持人的引导下，嘉宾们各抒己见、畅所欲言，对看电视的利与弊进行了深入讨论。

课文学习完以后，王磊老师设计了一个辩论形式的口语活动。具体如下：

引导语：网络的普及，利大于弊还是弊大于利？今天我们就此进行辩论。辩论时请注意使用我们本课学到的生词和表达形式，同时也要注意使用辩论时常用的表达方式。

具体操作：PPT 出示辩论会页面，学生各就各位。

| |
|---|
| 正方：网络在生活中利大于弊 |
| 反方：网络在生活中弊大于利 |
| |
| 评委：对双方的表现做出评判，并说明理由。 |
| 观众：选出最佳辩手，并说明理由。 |
| 主持人：主持辩论会，并注意缓和气氛。 |

### 6. 演讲

演讲对学生的语言水平要求较高，通常运用在高级口语教学中。演讲要围绕一个主题，演讲前教师要适当做些内容和观点上的提示，让学生收集资料、拟写演讲提纲或演讲稿，然后在课堂上展示。

---

① 教材由马箭飞主编，2007 年 3 月北京语言文化大学出版社出版。

【案例18】

### 《新目标汉语口语课本6》第3单元《有志者事竟成》
### 任务2：什么叫成功？

“什么叫成功？”是一篇演讲，从三个方面论述了什么样的人生是成功的人生。首先，能够做自己喜欢的事；其次，能够承担一定的社会责任，对社会有所贡献；最后，平安、幸福地生活也是成功。在学习、讨论、理解课文内容的基础上，可以“成功”为主题设计一个演讲活动。

演讲题目：

(1)什么是成功的条件？

(2)成功意味着什么？

(3)失败是成功之母吗？

(4)放弃也是一种选择。

要求：

(1)两三个人一组，每组准备一个演讲。

(2)依照课文的演讲格式。

(3)尽可能使用本单元所学的语言点、口语句式、分层表述观点的句式。

(4)在一组展示过程中，其他小组关注他们的完成情况，注意演讲者对语言形式的掌握、演讲技巧的表现等，评出最佳演讲小组。

### (七)总结和布置作用

总结主要是讲评学生课堂表现并对本次课学习的重点和难点进行总结，以便学生课后复习和练习。口语课课后作业包括两个方面：一是对本次课的教学内容进行复习巩固并适当拓展，尤其是要加强口语综合能力的训练。二是预习下次课的内容，布置相关的任务。例如预习生词、调查采访、小组活动准备、资料收集等。

## 三、口语课教学应注意的问题

### （一）贯彻交际性原则

国际中文教学的目的是培养学生用中文进行交际的能力。作为培养口语交际能力最主要的口语课自然要承担重要职责，因此口语课教学不能停留在讲解和操练的层面上，要创设情境，开展口语活动、模拟真实交际，让学生在使用语言的过程中培养其交际能力。口语活动不能流于形式，追求表面上的热闹，要有真实的信息交流。

### （二）培养学生的语体意识和语体能力

口语课要注意培养学生的语体意识和语体能力，不仅要使学生掌握日常口语交际用语，也要使学生学会在比较正式的场合进行口头表达时所用的特定的词语和句法。例如，新年晚会上的祝酒词、毕业典礼上的发言等都是比较正式场合的口语表达，这些相关内容必须进行专门学习。

### （三）兼顾口语表达的准确性、流利性、复杂度、得体性

口语课要平衡学生口语表达的准确性、流利性、复杂度和得体性。在教学的环节上要各有侧重：词汇、语法等语言知识的讲练要侧重表达的准确性，注意纠正学生语言形式的错误；课文处理环节要侧重表达的流利性，多进行一些熟巧性的训练；拓展性的语言活动环节要强调语言运用的得体性；总结强化阶段要强调语言的复杂度。

## 四、案例学习与研讨①

### 《发展汉语·高级口语Ⅰ》(第2版)第3课《活人图书馆》课文一“什么是活人图书馆”

### (一)组织教学

师生互致问候,班长汇报出勤人数,开始上课。

### (二)导入新课

播放视频《真人图书馆》,导入本课主题“活人图书馆”。看视频,然后回答下列问题:

(1)说到图书馆,你会想到什么?

(2)看这段视频以前,你听说过“真人图书馆”吗?

(3)根据视频的内容,请解释一下什么是“真人图书馆”。

(4)你想不想去“真人图书馆”里看书,为什么?

### (三)讲练生词

#### 1. 操作步骤

(1)PPT展示生词,学生集体读,然后教师领读。

(2)教师结合PPT,讲练生词。

(3)学生就不懂的生词提问,教师进一步讲解。

(4)教师启发引导学生用重点词语进行表达。

#### 2. 讲练生词

(1)馆藏:图书馆、博物馆等收藏的图书、器物等。(名)

---

① 案例由薄文静老师提供。

馆藏丰富、馆藏数量巨大。

提问:“中国国家图书馆有3768.62万册文献”用“馆藏”怎么说?(中国国家图书馆馆藏十分丰富/中国国家图书馆馆藏数量巨大)

(2)领域:学术思想或社会活动的范围。(名)

政治领域、经济领域、军事领域、外交领域、教育领域。

我是一名教师,我对教育领域的新理论很感兴趣。

她是一名资深的外交官,在外交领域取得了很高的成就。

(3)困惑:感到迷惑,不知道该怎么办。书面语词(形)

怎样准确地发音,这个问题一直使留学生感到困惑。

她究竟喜欢不喜欢自己,小王一直感到很困惑。

怎样才能让学生喜欢自己的课,他被这个问题困惑很久了。

(4)外貌:人或物表面的样子。(名)

这位演员不但外貌英俊,而且工作非常认真、努力。

我喜欢这位女演员有两个原因:一是因为她的外貌,二是因为她的表演。

提问:“以貌取人”是什么意思?(根据一个人的外貌衣着来衡量、判断他的品质才能或决定对待的态度)

(5)特长:特别会做的事或特有的经验。(名)

踢足球/长跑/武术/唱歌/跳舞……是他的特长。

你有什么特长?/你的特长是什么?

他没有什么特长,所以只能做很普通的工作。

他短跑的特长在这次学校运动会中得到了充分的发挥。

(6)口述:口头叙述,口头说明、讲述。(动)

小王为我们口述了他参加马拉松比赛的情况。

小王口述的时候,很多人都在本子上做记录。

被采访者都是用口述的方式回答我们的问题。

(7)处境:所在的环境(一般是不好的情况)。(名)

2021 年 9 月美国军队撤走以后，阿富汗人民和政府的处境都很困难。

那两位同学现在都被隔离了，不能自由活动，处境不太好。

新中国成立之初（1949—1952 年），中国在经济方面处境十分艰难。

2021 年 7 月，河南省发生了特大暴雨，很多普通百姓处境比较危险。

（8）偏见：对人或对事的一种不公平的看法，只看到不好的方面而看不到其他方面。（名）

提问：城里人认为是农村外来人口破坏了城市的环境，扰乱了城市的治安。用“偏见”怎么说？（城里人对农村人有偏见）

教师：听下面的对话，用“偏见”说说你的看法。

男：你在哪里工作？

女：在医院。

男：那你一定是护士吧？

女：不，我是医生。（男生对女生有偏见）

我们应该努力消除偏见。

（9）自传：讲述自己的经历的书或者文章。（名）

您的生活经历那么丰富，为什么不写一本自传呢？

### （四）分组学习课文

将学生分组，3 ~ 4 人一组，合作学习，完成以下四个任务。

#### 1. 边听课文录音边填空

要求：听一遍，学生分工合作。听后给学生 2 ~ 3 分钟，让每组成员互通答案，协商出统一答案，然后每组依次汇报答案，教师讲评。

你听说过“活人图书馆”吗？其实不难理解，就是以（　　）为（　　），（　　）就是这座图书馆的（　　）。虽然名字叫图书馆，这里却没有一本传统意义上的书，而是出借一个个（ ）。

如果你对某个（ ）感兴趣或者有（ ），都可以借阅。所谓“借阅”，指的就是和“书”们进行面对面的交流学习；与此同时，也让那些拥有宝贵（ ）经验的“书”们能够将自己的“（ ）”传给其他人。

这种不同可能是因为（ ）、身体、（ ）、精神，也可能是因为民族、文化、传统、经历，还可能是因为爱好、（ ），等等。

活人图书馆中的“书”是开放的、愿意和众人分享自己经历的人。他们用“（ ）”方式让“读者”了解自己的（ ）、想法，希望能增强交流，进而消除人类（ ）。在这里，每个人都是一部“活（ ）”。

### 2. 朗读课文

要求：每人读一段课文，遇到问题小组成员互相帮助解决；各小组无法解答的问题，询问老师解答。

### 3. 参考所给词语，根据课文内容说一说

要求：先小组讨论，每人轮流回答，得到统一的答案，然后选出代表，面向全班回答问题。

（1）什么是“活人图书馆”？

（所谓……，指的是…… 就是）

（2）“活人图书馆”与普通图书馆有什么不同？

（虽然……，却……，而是…… 其实）

（3）说一说“活人图书馆”的书。

（所谓……，指的是…… 口述 进而 偏见 自传）

### 4. 小组讨论

（1）说说你对“活人图书馆”的看法。

（2）假如你是“活人图书馆”的一本书，你会是一本什么样的“书”？

要求：小组成员轮流表达自己的看法，小组长记录整理小组意见向全班汇报。

### （五）讲练重点表达方式

请学生集体朗读例句，在教师提示下明确使用情境，理解句意；然后归纳总结出表达方式的意义和用法，最后进行造句练习。

**1. 虽然……，却不/却没有……，而是……**

（1）虽然名字叫图书馆，这里却没有一本传统意义上的书，而是出借一个个“大活人”。

（2）虽然公司为他安排了专车，他却从来不用，而是每天骑自行车上下班。

（3）这些“海归”虽然经常回来，却并不定居，而是像候鸟一样季节性地飞来飞去。

（4）虽然在中国工作、生活了十几年，他却不会说汉语，而是用英语跟中国人交流。

**2. 所谓……，指的是……**

（1）所谓“借阅”，指的就是和“书”进行面对面的交流学习。

（2）所谓“中央商务区”，指的是城市中商业和商务活动集中的主要地区。

（3）所谓外来词，指的是那些从别的语言中借过来的词汇。

（比如：沙发、咖啡、马拉松、巧克力、麦克风……）

（4）所谓“白富美”，指的是皮肤比较白，经济实力强，长得漂亮，身材好的女性。

**3. ……，进而……**

（1）他们用“口述”方式让“读者”了解自己的处境、想法，希望能增强交流，进而消除人类偏见。

（2）首先学好语音语调，进而提高口语表达能力。

（3）观察并记录他们的学习过程，进而总结出他们学习的规律和特点。

(4)要实现一个目标,应该先制订一个计划,进而按照计划逐步完成。

### (六)课堂小结,布置作业

#### 1. 小结

课文一10个生词、3个表达方式、课文。

#### 2. 作业

(1)课文一边学边练(课本第30页)。

(2)用自己的话复述课文一。

(3)预习课文二生词。

## 思考与讨论

1. 阅读下面的案例,给张老师一些建议。

张老师这个学期教中级口语课。为了提高学生的口语水平,他让学生课前5分钟做口语报告,每次课一位学生,轮流进行。时间久了,张老师发现了一些问题:有的学生用了很多生词,其他学生听不懂;有的学生发音不准确,影响了听的效果;有的学生用时较长,耽误了后续教学;还有的学生选择的话题,其他学生不感兴趣。张老师很头疼。

2. 阅读下面的案例[①],结合案例想一想如何改进课堂活动设计,提高学生参与愿望。

点菜是教学中经常使用的一个活动,但是很多教师往往这样布置活动:两个学生分别扮演顾客和服务员,双方手里都拿着一份中国饭店的菜单,"服务员"问"顾客"想吃什么,"顾客"说出自己的

① 案例选自刘弘:《课堂活动如何吸引人?》,载朱勇主编《国际汉语教学案例与分析(修订版)》,高等教育出版社,2015,第253页。

要求或者进行相应的询问。由于学生对中国菜了解不多,他们所知道的菜往往就是“宫保鸡丁、鱼香肉丝”等课文中提到的菜名,而且已经了解菜品的味道和材料。在这种情况下,“顾客”在角色扮演中还要装模作样地问:“请问,这个菜是什么味道?”“你们有没有牛肉的菜呢?”而“服务员”对这些菜品的知识并不比“顾客”多多少,这样的角色扮演只能起到让学生熟悉语言的作用,学生交流的动力不足。

3. 选择一篇口语课文,设计教学方案。(如果课文较长,可以设计某一个教学环节)

第八章

# 阅读课怎么教

读是人们利用视觉器官，接收文字信号并理解其意义的过程。读与听都属于语言输入方式，不同之处在于听是口耳相传，语音信号稍纵即逝；读依赖文字，可以随时停止阅读进程停下来思考，也可以重复阅读。在日常生活工作中，读是我们获取信息的重要手段。对于中文学习来说，读可以扩大词汇量，获得语言文化等方面的知识，培养阅读技能，发展语言能力。阅读课是培养学生阅读理解能力的一门课程，侧重阅读技能的训练。在阅读课上，教师通过各种有意识的教学手段来帮助学生读懂所给材料，培养和提高学生阅读理解能力，在此基础上提高阅读速度，培养良好的阅读习惯，从而达到书面沟通和交流的目的。

## 一、阅读课教学内容

阅读课的教学内容主要包括语言知识的传授、阅读技能的训练和培养。

### （一）语言知识

阅读课语言知识的教学主要包括汉字、词汇、语法、篇章等内容。词汇、语法等知识的教学一般安排在读前热身环节，汉字、篇章等知识的教学一般安排在阅读理解环节。

在阅读课语言知识的教学中，词汇最为重要。尤其是初级阶段，掌握词语、扩大词汇量是教学重点。由于汉字的特殊性，阅读课汉字教学也需要特别关注。第二语言中文学习者主要依赖汉字字形进行阅读，所以他们在阅读时首先遇到的问题就是如何快速识别汉字，然后提取字义。对字义的理解会影响对词义的推测与理解，进而对篇章阅读理解产生一定的影响。

【案例 1】

舞狮是一种东亚民间的传统表演艺术，表演者装扮成狮子的样子，随着锣鼓等乐器的节奏，模仿出狮子的各种神态、动作。中国传统民俗认为舞狮可以驱逐鬼怪，消灾避祸，所以每逢喜庆的日子，例如新店开张、举办迎春会时，都喜欢敲锣打鼓，舞狮助兴。

关于本段有一个练习题：根据中国传统，舞狮有什么特别的意义？由于答案要点（画线部分）生字较多，影响了对词义的提取，导致这道题错误率比较高。

有研究显示，日本学生由于在汉字识读方面存在优势，所以在汉语阅读方面较非汉字文化圈学生也存在明显优势和潜力。正因为汉字知识在阅读中非常重要，所以教学汉字知识是阅读课一个值得重视的内容。

（二）阅读技能

训练阅读技能是阅读课的核心任务。阅读技能主要包括预测能力、抓主旨大意能力、捕捉细节能力、猜测词义能力、跳跃障碍能力等。

**1. 预测能力**

预测能力指提前猜测阅读材料内容的能力。它是阅读技能当中一项非常重要的能力，是提高阅读效率的重要方法和手段。如何训练预测能力？不同阅读阶段训练内容有所侧重。阅读前可以根据标题预测文章内容，因为文章标题是文章内容的高度浓缩；也可以根据标题预测文章的结构，因为从文章的标题可以看出文章的体裁，每一种体裁有相对固定的结构。例如《留学趣事》，内容一定是留学期间发生的有意思的事情，结构也一定是记叙文的结构。阅读中可以根据文章上下文进行预测，例如，可以根据上句预测下句，根据上段预测下段，根据故事的发生、发展预测故事的结果。

### 2. 抓主旨大意能力

阅读一篇文章最重要的是搞懂文章的主题思想、文章的目的用意，这就需要培养学生抓主旨大意的能力。抓主旨大意需要掌握下面的技巧：

（1）注意文章和段落的开头和结尾。一般的文章是按照"总—分—总"的思路来写的，文章的核心内容、观点、结论往往出现在开头和结尾部分。抓住首尾句对快速阅读、整体理解文章有重要意义。

（2）厘清行文线索并进行归纳概括和总结。有时候主要信息或关键信息并不在明显位置，或者材料的主题、目的、用意并不显豁，这就需要对材料进行梳理归纳，从中得到主旨大意。

**【案例2】**

说话是我们生活中极普通的事情，跟走路一样的普通。平常人很少有话不说的，有些人无说话的必要也要说话。可是，想想看，一个人独自说话不说话？不。偶尔有，我们就说那个人在那儿"自言自语"，似乎有点儿反常。这是什么道理呢？原来说话跟走路不同，不是一种个人的行为，是一种社会的行为。说得明白些就是，要有人听着，我们才说话。

这段话表达的中心意思是什么呢？段落首句说的是说话跟走

路是相同的，段落尾句说的是说话跟走路又是不同的，乍一看，作者的观点相互矛盾，也不符合文章首尾呼应的一般要求。但是，如果我们注意尾句中的“原来”一词，问题会迎刃而解。说话跟走路相同是作者起初的看法，“说话跟走路不同，不是一种个人的行为，是一种社会的行为”则是思考后得到的新的观点，也是本段落的中心意思以及作者真实意思的表示。

【案例3】

中国作家现在很重视语言。不少作家充分意识到语言的重要性。语言不只是一种形式、一种手段，应该提到内容的高度来认识。最初提到这个问题的是闻一多先生。他在很年轻的时候，写过一篇《庄子》，说庄子的文字语言已经不只是一种形式、一种手段，本身即是目的。我认为这是说得很对的。文学作品的语言不是外部的东西，它是和内容（思想）同时存在、不可剥离的。语言不能像橘子皮一样，可以剥下来，扔掉。世界上没有没有语言的思想，也没有没有思想的语言。往往有这样的说法：这篇小说写得不错，就是语言差一点。我认为这种说法是不成立的。我们不能说这首曲子不错，就是旋律和节奏差一点；这张画儿画得不错，就是色彩和线条差一点。语言是小说的本体，不是附加的、可有可无的。从这个意义上说，写小说就是写语言。小说的语言是浸透了内容的，浸透了作者的思想的。我们有时看一篇小说，看了三行，就看不下去了，因为语言太粗糙，语言的粗糙就是内容的粗糙。

文中画线的三个句子都说的是文学作品中语言的重要性，也都是作者认可的观点。但只有第三个句子表达的观点才是作者极力强调的，也是本段话的中心思想所在。后半段都是围绕这个中心进行论述的。

### 3. 捕捉细节能力

细节是指关键词、关键句、主题、主要内容以外的内容。捕捉细节与抓主旨大意并不矛盾，它们是相辅相成的关系。常见的安排细节的方式有：举例子、时间顺序、空间转移、因果关系、比较对照、事例附加等。我们可以从这些方面训练学生捕捉细节的能力，从而推测作者的意图，对文章进行总体把握。

【案例4】

**中国人与茶**

茶的故乡在中国。由于茶的种类和制作的方法不同，味道也不同。**不同的地区，不同的民族，饮茶的习俗也不一样。**一般来说，北京人喜欢喝红茶，南方人喜欢喝绿茶。北京人爱喝茉莉花茶，上海人、杭州人爱喝龙井茶，广东、福建一带的人喜欢喝乌龙茶，边疆一些少数民族大都爱喝紧压茶，蒙古族人喜爱奶茶，藏族喜爱酥油茶……近几年，市场上又出现了减肥茶、保健茶等，很受人们欢迎。

**中国人喜爱茶就像西方人喜爱咖啡一样，茶已经成为人们生活中的一部分了。**在中国，人们常用茶招待客人，有客人来访，端上一杯清香的热茶，表达了主人的一片热情；举行婚礼的时候，新娘一定要给长辈和亲友们敬茶；许多餐馆在上菜之前，也会先给客人送来一壶茶水。

**人们喜欢喝茶，但在喝茶时也有一些忌讳，**比如不喝凉茶、不喝隔夜茶、睡前不喝浓茶等。

短文包括三个段落，每段前加粗部分是段落主题句，表明段落大意。后边画线部分都是细节，用举例子、事例附加方式安排细节。这些细节材料为中心思想提供例证，是段落主题的支撑，通过捕捉细节材料可以更准确地把握文章中心和主旨。

【案例5】

**京城的大小茶馆有五六百家，最著名的要数老舍茶馆了。为什么老舍茶馆那么有名？**一是因为它是改革开放以后，京城开的第一家新式茶馆;二是因这茶馆是用老舍先生的名字命名的,老舍先生是生在北京、长在北京的著名作家,他的作品有很高的知名度;三是因为老舍茶馆有浓厚的京味儿,人们进茶馆不仅可以品茶,还能品到其中的京味文化。

该段的段首句(加粗部分)即主题句。后面的三条原因(画线部分)是细节,与主题句构成因果关系。原因细节使得结果更加可信,更具说服力。所以细节在阅读中是不能忽视的。

**4. 猜测词义能力**

猜测词义的能力可以从以下几个方面进行训练:

(1)根据汉字结构猜测词义

形声字要根据形旁进行猜测,例如,以"女"作为形旁的形声字跟女性有关系,"姨妈"这个词词义中一定包含女性成分,指一种女人;会意字是由两个或者两个以上部分意义的重新组合,猜测时要综合考虑,例如"嵩山"一词,一般人很容易猜出是一座山的名字,但是其中的"嵩"是什么意思?为什么这座山要用"嵩"命名呢?这些问题就可以从"嵩"的结构来猜测了。

(2)根据词的结构类型猜测词义

汉语的合成词有五种结构类型,分别是联合并系、主谓关系、动宾关系、动补关系、偏正关系,根据词的这些结构类型可以猜测词义。例如"洗手机",如果是偏正结构,意思指用来洗手的机器;如果是动宾结构,意思指一种动作行为,可能是手机脏了,用水洗一洗。

(3)根据上下文语境猜测词义

有些词语单独来看有不同的意思,但上下文语境会消除歧义。"洗手机"在"米家自动洗手机套装"中很容易猜出是偏正结构的意思。有些词语单独很难猜出它的意思,但如果放在上下文当中就比较容易了,因为上下文语境为词语理解提供了更多的信息。例如:"凡是在南极经历过极昼的人,他们最大的愿望是能够见到夜色,见到黑暗,黑暗成了生命的急需。如果没去过南极,是怎么也体会不到的,可能还会觉得匪夷所思。"这段话最后一个词语"匪夷所思"是什么意思呢?对于一般人来说,如果在"白天和黑夜""光明和黑暗"中进行选择的话,都会选择前者,而在南极经历过极昼的人却恰恰相反,这种选择颠覆了一般人的认知,所以根据常理很难想象。另外,文中"体会"一词有"领会、理解"的意思,因为领会不到,理解不了他们的愿望,当然也不可能想象得到他们的愿望。

#### 5. 跳跃障碍能力

在阅读过程中难免遇到不熟悉的词语、不理解的句子。如果这些词句不影响对阅读材料整体意义的理解,就可以采用跳跃障碍的方法暂时跳过,不需要查词典,也不需要细读。当然这里的"障碍"一般指的是细节信息。跳跃障碍的能力是汉语快速阅读中必须具备的能力之一,跳跃障碍的能力越强,说明中文水平越高。

**【案例6】**

绿茶有名的是:杭州的西湖龙井、江苏太湖的碧螺春、安徽黄山的黄山毛峰、安徽六安的六安瓜片、河南信阳的信阳毛尖等;红茶有名的是:安徽祁门的祁门红茶、云南的滇红等;乌龙茶的名茶有:福建武夷山的武夷岩茶、福建安溪的铁观音、台湾南投县的台湾乌龙茶;花茶中有名的是:福州的茉莉烘青、杭州茉莉烘青和苏州茉莉烘青;紧压茶有:云南思茅和西双版纳的普洱茶、广西苍梧县六堡茶。

该段主要介绍绿茶、红茶、乌龙茶、花茶、紧压茶中有名的品种。画线部分属细节信息且包含大量的生词,在阅读中可以跳过。

## 二、阅读课教学的环节与方法技巧

阅读课包括以下几个教学环节:组织教学、复习检查、读前热身、阅读理解、补充阅读、总结和布置作业。

### （一）组织教学

组织教学常用的方式是师生问好，也可以采用班长或者值日学生向老师报告出勤情况的方式。此教学环节的目的是吸引学生注意，调整学生状态，迅速进入课堂教学模式。

### （二）复习检查

复习的内容主要跟前一次课的教学内容有关；检查的内容可以是学生对已学内容的掌握情况，也可以是学生的预习情况。为了扩大学生的阅读量，教师常常会补充相关的较容易的阅读材料，要求学生提前预习。有些教师也会布置一些预习生词的任务，为新课学习做准备。在这两种情况下，检查主要是针对阅读材料和生词设计的练习进行，如果练习答案正确，不需要花时间进行讲解；如果答案存在普遍性的问题，教师要进行反馈并讲解。

### （三）读前热身

读前热身是正式阅读课文及其他补充材料前的准备环节，包括理解课文标题并据此预测课文内容、输入背景知识、演示关键词语并进行联想拓展等，目的是帮助学生了解相关的背景知识，激活学生的语言文化知识储备，为正式阅读活动扫清障碍，做好铺垫。

#### 1. 理解课文标题并据此预测课文内容

课文的标题是课文的灵魂，它概括了课文的主题，揭示了课文的线索，可以说理解了标题，就掌握了课文的大概。所以根据标题可以对课文内容和结构进行预测。

## 【案例 7】[①]

### 《时代》(上册)[②]第 15 课《春节拜年形式悄然“变脸”》

(教师演示 PPT)

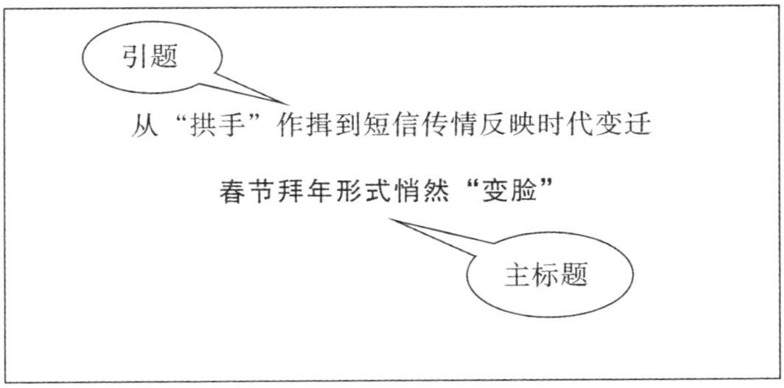


教师提问:

①通过主标题,我们可以知道这篇新闻的主要内容是什么?(春节拜年形式的变化。)

②这种变化是突然的,还是慢慢的?(慢慢的。)

③引题告诉我们,以前中国人是用什么方式拜年的?(拱手作揖。)

④现在用什么方式拜年?(发短信。)

⑤如果你们是记者,就以这个标题写一篇新闻报道,你们会怎么写?先写什么,再写什么?(预设学生会按时间顺序介绍拜年方式的发展变化。)

小结:看来大家觉得应该按时间顺序写,下面我们就来看看作者是怎么写的。

---

① 案例选自金娅曦:《春节拜年形式悄然“变脸”》,载《对外汉语读写课优秀教案集》,崔希亮主编,北京语言大学出版社,2016,第 70–71 页。

② 教材由吴卸耀编著,2006 年北京语言大学出版社出版。

金娅曦老师从新闻的引题、主标题入手，引导学生把握文章的内容，预测文章的结构。在预测结构时，故意留下“埋伏”，引起学生进一步探索答案的兴趣。

### 2. 输入背景知识

背景知识的输入可以参考第六章介绍的方法，采用图片法、讨论法、演示法、采访调查法、借助音频视频法等。也可以突出阅读课课型特点，采用阅读材料的方法进行背景知识的输入。

**【案例8】**

**传统习俗春节拜年由来**

春节里的一项重要活动，是到亲朋好友家和邻居那里祝贺新春，旧称拜年。拜年是中国民间的传统习俗，是人们辞旧迎新、相互表达美好祝愿的一种方式。我国拜年的习俗行之已久。古时有拜年和贺年之分：拜年是向长辈叩岁；贺年是平辈相互道贺。现在，有些机关、团体、企业、学校，大家聚在一起相互祝贺，称之为“团拜”。

大年初一，人人都早早起来，打扮得整整齐齐，出门走亲访友，相互拜年，恭祝来年大吉大利。关于拜年习俗的由来，传说远古时代有一种怪兽，头顶长独角，口似血盆，人们叫它作“年”。每逢腊月三十晚上，它便窜出山林，掠食噬人。人们只好备些肉食放在门外，然后把大门关上，躲在家里，直到初一早晨，“年”饱餐后扬长而去，人们才开门相见，作揖道喜，互相祝贺未被“年”吃掉。于是拜年之风便流传开来。

确实，通过拜年这一特殊交际方式，既表达相互间的祝贺与祝福，又有利于增进友谊和联络感情。但拜年很有讲究。选择合适的时间，乃拜年的第一要素。由于平时劳碌，年节期间人们一般起得较晚。若过早登门拜年，往往让主人措手不及。有人喜欢选择晚上拜年，一坐好几个小时，也难免影响主人休息。作客逗留时间一般以半小时至40分钟为宜，这样，既不失礼貌，又不影响主人接待其他客人。拜年时，若进门问声"新年好"，旋即匆匆离去，会给人以"缺少诚意"的感觉。礼物也应得体。给长辈、教师、师傅拜年时，应适当带点礼物。礼物既不宜太昂贵豪华，又应能"拿得出手"。捧上一束鲜花，送上一张精美的贺卡，近年已成为都市现代人浪漫温馨的拜年方式。拜年礼物还应讲究卫生，比如，别人送给自己的糕点，一般不宜转送他人，否则食品在"旅游"中难免会腐烂变质；给年迈或患病者拜年，所送的水果等应该有益于对方强身健康，以免造成浪费甚至引起误解。此外还应注意节俭。比如，自己动手制作一个精美的小礼物送给同学、恋人、同事等，既可表达真挚的情谊，又可显现自己的才华。拜年时，邻里相坐、同学相逢、朋友相聚，皆应"过年言好事，出口称吉祥"，纵然平日有所积怨，亦不应提起，至于聊天时不谈粗俗之事，不讲无聊低级话语，就更是常识、常理了。

这篇阅读材料源自2015年1月29日的搜狐新闻，有删节。它主要介绍了拜年的含义、拜年习俗的由来以及拜年时要注意的问题。这篇材料如果用在案例7，在正式阅读前作为背景知识输入材料提供给学生阅读也是比较合适的，它可以为正式课文提供背景知识，有助于课文的理解。

### 3. 演示关键词语并进行联想拓展

关键词语是指对于理解课文内容至关重要的词语，如每一段的中心词，这些词既不好猜测也不能跳过。它们可以通过演示让学生提前了解，并在此基础上，对相关词语进行联想拓展。

**【案例9】**[①]

**《汉语阅读教程》第3册第85课《闲话中国茶》**

教师：你喜欢喝茶吗？喜欢喝哪种茶？

① 案例选自朱彤：《闲话中国茶》，载《对外读写课优秀教案集》，崔希亮主编，北京语言大学出版社，2016，第5页。

●演示“绿茶、红茶、花茶、乌龙茶、紧压茶”图片，让学生对茶叶的种类有一个初步了解，为后面的阅读做铺垫。

●演示PPT，引出相关重要词语。先出图片，让学生说出相应词语，再显示文字，验证正确与否。

茶叶　茶树　茶农　茶园　茶馆

种茶　采茶　泡茶　饮茶　品茶

茶水　茶壶　茶碗　茶杯　茶具

### （四）阅读理解

阅读理解环节通常包括三个步骤：略读课文、细读课文和通读课文。

#### 1. 略读课文

略读是用浏览的方式大略地进行阅读，可以一目数行。目的是了解文章的大意和主题思想，不要求掌握细节。略读时，要特别提醒学生注意文章的开始段、结束段，文章中每段的段首句和段尾句，因为它们往往是对文章内容的最简单概括，是左右文章大意的关键。

略读时，教师要规定时间，让学生在规定的时间内完成任务。略读的速度：初级200字/分钟，中级300字/分钟，高级500字/分钟。

略读过程一般是：

（1）教师设计一些概括性的问题，让学生带着问题进行阅读。

（2）按照规定时间快速阅读课文。

（3）读后回答问题。如果学生回答正确，其他同学没有异议，就继续进行下一个问题；如果学生回答错误或其他同学有异议，再带学生回到课文，启发学生思考，找到正确答案。

#### 2. 细读课文

细读是对文章内容进行逐段、逐句、逐字的阅读，要求学生从整体到细节都要弄懂。细读时，要特别提醒学生仔细琢磨关键词、句；对没学过的生词根据上下文或背景知识进行推测；对一些长句子要借助语法手段进行分析,以达到理解目的。

细读过程一般是:

(1)把课文分段或者分成语意相关的几个部分,做出标记。

(2)教师以段为单位设计一些具体性、细节性的问题,让学生带着问题进行阅读。

(3)读后回答问题。如果学生回答正确,其他同学没有异议,就继续进行下一个问题;如果学生回答错误或其他同学有异议,再带学生回到课文,启发学生思考,找到正确答案。

(4)处理重点词句。阅读课中重点词语和句式教学以理解为主,不要求会用,不宜过多讲解和操练,可以通过读例句的方式,以阅读带动阅读。

(5)根据情况做阅读技能训练。

#### 3. 通读课文

通读是把文章内容全部读一遍,可以一行一行地读。通读也要限制时间,一般是:初级 90 字/分钟;中级 150 字/分钟;高级 200 字/分钟。阅读完成后,要在教师的引导下分析课文的语篇层次、衔接手段和文章主旨。

### (五)补充阅读

补充阅读是为了提高学生的阅读量,因为要想提高学生的阅读水平,没有大量的阅读实践是不可能的。补充阅读材料的选择要注意在难易度、内容、趣味等方面与主课文相配合。例如,主课文《闲话中国茶》补充了五篇阅读材料,分别是《中国人与茶》《有关茶的传说》《老北京的茶馆》《老舍茶馆》《广东早茶》等,这些材料以茶为主题,语言难度与主课文相当,在内容上互相补充,拓展了对茶知识的了解。

当然,课堂时间是有限的,如果课堂时间不能满足补充阅读需求,补充阅读也可以放到课下。

### （六）总结和布置作业

总结主要是讲评学生课堂表现并对本次课学习的重点和难点进行总结，以便学生课后复习和练习。阅读课课后作业包括两个方面：一是围绕本次课的教学内容复习巩固并进行补充拓展阅读。二是预习下次课将要学习的生词或者是布置跟下次课学习内容相关的任务。例如，网上查找资料，阅读相关文章，提前输入背景知识；搜集相关的词语，做好语言方面的铺垫等。

## 三、阅读课教学应注意的问题

### （一）阅读课的重点是进行阅读技能的训练

阅读课固然要学习运用语言、文化等方面的知识，但最重要的任务还是要进行阅读技能的训练。在课堂上不能只讲生词、语法、回答问题，或者把阅读课上成精读课，要结合具体的语言材料安排专门的时间进行阅读技能的专项训练。另外，略读、细读、查读、通读等不同阅读方式与技巧也需要在课堂上进行适当训练。

### （二）不同阶段教学目标要有所侧重

初级阅读课主要复习巩固主干课所学的词汇和语法，适当扩展词汇；中级阅读课一方面要跟主干教材配套，另一方面要让学生接触不同体裁、不同风格、不同交际领域的文体；高级阅读课要培养学生理解中华民族博大精深的文化能力，以及阅读专业材料的能力。

### （三）扩大阅读量

大量阅读可以扩充词汇量，熟悉中文语篇结构以及相关的背景知识，培养中文语感，有助于理解能力的提高。教师可围绕阅读主课文补充相关阅读材料，形成主题阅读。补充材料可以课堂使用，也可以课后扩充阅读，或者作为课前输入背景知识的预习材料。

（四）培养良好的阅读习惯

为了提高阅读效率，阅读课上教师要根据阅读材料的长短和难易程度限定阅读时间，时间一到，立即要求学生停止。阅读过程不要出声，不要用手、笔尖、尺子指着汉字一个字一个字地读。遇到生字、生词、难句等问题，不要查词典，尽量用有关的阅读技巧加以解决，实在解决不了，阅读过程结束后求助同学和老师，大家一起讨论解决。

## 四、案例学习与研讨①

### 如何将运动健身加入我们的健康清单②

（一）新课导入

方法：问题+视频导入。

**1. 问题**

（1）你多久运动一次？

（2）你喜欢什么样的运动？

（3）你对健身的态度是什么样的？

**2. 视频导入**

播放广场舞视频。

① 案例由魏舒婧老师提供。

② 文章来源：中国青年报（2021 年 02 月 02 日 06 版），作者：梁璇（中青报·中青网记者）。

### (二)相关背景材料介绍

介绍《2021 国民健康洞察报告》。

#### 1. 国民健康总览

(1)中国人口现状

①中国人口老龄化现状已高出国际标准。

②70 年间,人均预期寿命翻了一倍多。

③人口出生率及自然增长率连续四年下降。

④新冠肺炎疫情肆虐全球,慢性病仍不能忽视。

(2)整体健康总览

①对“不生病”的关注,从第四位上升至第二位。

②健康自评提升,期待与自评 Gap 缩小。

③是自己,而不是别人在影响“我的”健康。

④人们认为 35 岁左右进入衰老,多数人泰然处之。

⑤疫情对生活带来短期的冲击和长期的信心。

#### 2. 健康期待与自评

运动健康 Gap 最大。

#### 3. 健康行为

(1)身体健康:情绪、皮肤、身材、睡眠占据四大困扰。

(2)心理健康:心理困扰应对方式有待科学引导。

(3)睡眠健康:“二次困扰”影响着年轻人。

(4)运动健康:运动意识强,但行动力仍需加码。

(5)饮食健康:疫情影响国民就餐卫生行为。

(6)皮肤健康:每个人都有肌肤困扰的难言之隐。

(7)求医问诊:院外健康场景有待重视。

## （三）根据提示，快速通读全文

### 1. 出示阅读提示

要求：根据PPT上的阅读提示，快速默读全文并回答问题。阅读用时18分钟。

（1）《2021国民健康洞察报告》的目的是什么？

（2）想带动全民健身尤其要重视什么？

（3）健康与体育之间存在什么样的关系？

（4）怎样养成科学健康的运动观？

### 2. 回答问题

通读之后，回答问题。如果学生回答正确，继续进行下一题。如果学生回答错误或其他学生有异议，再带领学生回到课文，启发思考，找出正确答案。

## （四）细读1~5段，逐段检查理解情况，处理重点词句

### 1. 阅读第1段，回答问题

《2021国民健康洞察报告》从哪些方面对2020年人们的健康进行了回顾？

重点词语：

（1）清单：开清单、物资清单、列一个清单、购物清单。

（2）倡议：我们倡议捐款帮助贫困山区的同学。

这个倡议得到了热烈的响应。

（3）显著：成绩有了显著提高。

爸爸从事销售工作成绩显著，因而被提拔为销售部经理。

（4）发布：发布通缉令、新闻发布会、发布大风降温消息。

报纸上发布了一条重要新闻。

发布会上，记者总向这部电影的男女主角提问。

(5)洞察:这个老人似乎洞察一切,对什么都很了解。

(6)样本:检测人员取了5克生鲜猪肉作为样本,放在一个塑料管中,并滴入20毫升乙酸铵溶液。

(7)现状:打破现状、改变现状、维持现状。

面对这个竞争激烈的社会,我们不能安于现状。

(8)回顾:在这篇小说中,他回顾了自己前半生的艰苦生活。

老师带大家一起回顾了上节课所学的内容。

(9)管窥:宁安关氏家族是满族大家庭中的一员,从其家祭礼俗中,我们可以管窥到满族古老风俗发展、演进的文化轨迹。

(10)更迭:人事更迭、朝代更迭。

**2.阅读第2段,回答问题**

(1)新冠肺炎疫情给人们进行了怎样的健康教育?

(2)"不开心就跑"是什么意思?

重点词语:

(1)定义:老师列举了好几个例子来帮助我们理解这个定义。

(2)问诊:把脉问诊、寻医问诊。

提问:"云上问诊"是什么意思?

(3)干饭:网络用语"吃饭"的意思。来源于西南官话。

提问:"科学干饭"是什么意思?

(4)硬核:网络流行词,译自英语"hardcore",原指朋克摇滚里最狠的一种风格,后衍生出各种核类音乐。后来引申指"面向核心受众,有一定难度和欣赏门槛的事物",如"硬核游戏"(hardcore game)即指玩起来非常有难度的游戏。近年来,其含义进一步引申,人们常用"硬核"形容"很厉害""很彪悍""很刚硬",如"硬核规定""硬核妈妈""硬核玩家""硬核人生"等。打滴滴的时候居然打来了一辆卡车,我们可以吐槽为太硬核了。据说真正的长颈鹿打架是用脖子互甩,更有甚者会打到脖子骨折,这种情况我们也可以说硬核。

提问:“硬核护肤”是什么意思?

(5)衰老:两年没见,老人显得衰老多了。

没有人会只因年龄而衰老,我们是因放弃我们的理想而衰老。

### 3. 阅读第3段,回答问题

(1)如今人们更注重用什么方式来缓解自己的心理困扰?

(2)年轻群体运动呈现出怎样的特点?

重点词语:

(1)消除:消除隐患、消除隔阂、消除战争威胁、消除紧张。

你应该主动找他谈谈,消除误解。

(2)排解:锻炼身体是排解工作压力的好办法。

排解自己积愤的方法有很多种,不一定要喝酒呀。

(3)打卡:网络流行词,原指上下班时刷卡记录考勤。现衍生指到了某个地方或拥有某个事物。(一般会向他人展示)

今天去了故宫,发个朋友圈打卡。

(4)呈现:暴风雨过去,大海又呈现出碧蓝的颜色。

节日里到处呈现出一片祥和欢乐的气氛。

春天了,万物呈现出一片盎然的生机。

### 4. 阅读第4段,回答问题

疫情后人们最关心的运动因素有哪些?

### 5. 阅读第5段,回答问题

近年来民众对体育的观念大为改善,体现在哪些方面?

重点词语:

(1)知行合一:知行合一是由明朝思想家王守仁提出来的,即认识事物的道理与实行其事,是密不可分的。知是指内心的觉知,对事物的认识;行是指人的实际行为。知与行的合一,既不是以知来吞并行,认为知便是行,也不是以行来吞并知,认为行便是知,而是内有良知则外有良行,如果没有致良知,就不会有实际的善行;它是中国古代哲学中认识论和实践论的命题，主要是关于道德修养、道德实践方面的。中国古代哲学家认为，人的外在行为受内在意识支配，由衷向善（“知”）的人，才有外在自发的善行，所以说知行合一。知行合一，致良知，是阳明文化的核心。

（2）开展：植树造林活动已在全国开展起来。

同学们一再要求多开展些健康有益的课外活动。

我们要同世界各国积极开展经济文化交流。

（3）科普：科学普及的简称。科普工作。

（4）自说自话：自己说自己的话，指不理会别人的意见。

（5）尴尬：处境困难，不好处理。

（6）抑郁：（形）心有怨愤，不能诉说而烦恼。心情抑郁。

### （五）小组讨论

#### 1. 分组

教师提前划分小组，每组 3～4 人。

#### 2. 出示讨论问题

（1）你理解的“健康”是什么样的？你觉得怎样做才能让自己更健康？

（2）遇到健康问题，你一般怎么解决？

#### 3. 小组讨论

学生可选择教师提供的任一问题，进行 5 分钟的小组内讨论。

#### 4. 代表发言，教师反馈

每个小组整理讨论结果，派代表发言，教师适当组织，并总结各小组发言。

### （六）小结与作业布置

#### 1. 小结

（1）学习了 1 ~ 5 段的重点词语，尤其是了解了一些网络词语的意义和用法。

（2）训练了速读和细读的阅读技巧，了解了文章主旨，把握了篇章结构，加深了学生对文章内容的理解。

（3）了解了中国的人口现状、国民健康情况及国民的健康期待与自评。

（4）促使学生形成大健康观念，增强了学生的运动意识。

#### 2. 作业

延伸拓展阅读《让全民健身“热”起来》，指定一名学生准备下次课的报刊发言。

## 思考与讨论

1. 阅读下面一段话①，你认同其中的观点吗？

阅读课上积累的词汇，应是接受性的。词汇教学的要求是使学生在词形与意义之间建立联系，能灵活运用固然好，但“会用”不能作为阅读课词汇学习的标准。阅读课上增加词汇量，应该是数量不是质量。学习者关于这些词汇的知识会随着进一步的学习而增加，但那已是阅读课之外的事了。我们认为，这是阅读课词汇教学与精读、口语等课最重要的区别。

---

① 参见刘颂浩：《汉语阅读教学研究》，北京语言大学出版社，2016，第 198 页。

2. 阅读下面一段话[1]，谈谈你的看法。

著名语言学家 David Nunan(2004)认为："在阅读理解中，背景知识比语法知识起的作用更大。"阅读过程是我们运用脑中原有知识帮助理解新材料、提取新信息的过程。没有一定的背景知识储备，留学生是很难了解有文化内涵的阅读材料的。著名语言学家胡名扬早在十多年前就发现很多人"因为没有同时学习有关语言的社会文化背景，就很难掌握这种语言的精髓，在实际运用这种语言时就会发生种种意想不到的问题"。由此他分析了在对外汉语教学中注入文化因素的必要性、方式和内容，并提出在语言教学中注入文化因素时"要根据不同对象组织教学"等观点。

3. 阅读下面的案例，你同意王老师的想法和做法吗，为什么？

王老师是一位新手老师，今年被安排教授留学生阅读课。他觉得中国人没有经过阅读技巧的训练照样可以流畅地进行阅读，教留学生也没有必要训练阅读技巧。因此在教学中，他只重视汉字、词汇、语法的教学，别的不怎么关心。

---

① 参见张永奋：《留学生汉语阅读障碍及应对策略》，载于《对外汉语读写课课堂教学研究》，崔希亮主编，北京语言大学出版社，2015，第 32 页。

# 第九章

# 写作课怎么教

写作是人们利用书面形式进行信息传递的过程。在听、说、读、写四项技能中，写排在最后，被认为是最难学的一种技能。写也是中文水平的重要标志之一，尤其是较高级中文水平的标志。写与说都属于语言输出方式，但是两者在使用语境、参与对象、得到反馈等方面存在差异。写作课是培养学生书面交际能力的一门课程。具体来说，就是要训练学生综合运用汉字、词汇、语法、书写格式、标点符号等方面的知识，提高书面表达能力。

## 一、写作课教学内容

写作课的教学内容主要包括语言知识、写作知识的传授，写作技能的训练和培养。

### （一）语言知识

写作课语言知识的教学主要包括汉字、词汇、语法、篇章、修辞等内容。以上这些知识的教学并不设单独的教学环节，主要是在范文中学习，在习作中运用，在讲评中纠错，最终达到掌握语言知识的目的。

### （二）写作知识

写作知识教学主要包括文体知识、书写格式等内容。文体知识指关于应用文、记叙文、说明文、议论文、学术论文等不同文体的知识。例如，记叙文要讲清楚什么是记叙文、记叙文的六要素、记叙文的范畴、记叙文的分类、记叙文的写作要点等知识内容。书写格式是关于文章标题、段落开头、标点等方面的知识。例如，标题要写在本子第一行，通常居中；段落开头要空两格；标点要占一格，不能从头到尾都是逗号。写作知识可以结合范文、习作进行教学，或者设置单独的教学环节。

### （三）写作技能

写作技能的训练是写作课的核心内容。写作课的任务不只是让学生吸收知识，重要的是指导他们怎么用所学知识进行中文表达。也就是说，要指导学生把所学的中文知识进行实际书面运用，增强熟练度，训练写的技能。语言知识、写作知识的学习都是为其服务的。

写作技能训练的重点是遣词造句、句群及段落的衔接和连贯、谋篇布局和各种文体的习作训练。

#### 1. 遣词造句训练

遣词造句指运用词语来组织句子。跟其他课型生词学习环节的造句练习不同，写作课造句不是完全自由开放的，它要受使用语境的制约。写作课遣词造句主要训练表达某一个既定的意思，即命题是确定的，词语基本上也是规定好的，然后让学生应用指定的词语加上适当的与之搭配的词语造出一个适合语境的句子。所以写作课遣词造句训练一定要结合语境。

【案例1】

## 看图,用词造句

(坐)

“坐”是提供给学生造句必须用到的词,图片规定了遣词造句的语境。运用“坐”,结合语境可以造出“同学们坐在草地上”或者“同学们在草地上坐着”等句子。如果不限制语境,只要求用“坐”造句,自由度就大得多,造出来的句子数量也就多得多了。

在“看图,用词造句”的基础上,还可以增加条件,对句子进行扩展训练。例如,增加词语“听”,可以造出“女同学坐在草地上听音乐”的句子;再增加词语“唱”,可以造出“女同学坐在草地上一边听音乐一边唱歌”的句子。通过扩展能够把简单的句子变成复杂的句子,逐步提升遣词造句的能力。

### 2. 句群及段落的衔接和连贯训练

(1)句群的衔接和连贯训练

句群是由几个意义和结构上有密切联系的句子组成的,这里的句子可能是单句,也可能是复句。写作不仅要考虑句群内部句子之间的关系,还得考虑句群之间的衔接和连贯。句群之间常常用时间词语、空间词语、表顺序的词语、关联词语进行衔接和连贯。句群衔接和连贯训练方法有多种,比如可以用以上几类词语进行填空训练,也可以用把分散句群进行重新组合的形式进行训练。

【案例2】[①]

把若干个散句组成几个句群,并适当加上关联词,表达一个完整的意思:

①楚国的爱国诗人屈原投江自尽。

②他的国家被秦灭亡。

③彻底打破了他救国救民的伟大理想。

④端午节就是纪念他。

⑤逐渐形成节日。

⑥人们在节日里划龙舟。

⑦据说是打捞屈原的尸体。

⑧人们在节日里包粽子。

⑨投到江里给鱼吃。

⑩据说是避免鱼类伤害屈原的尸体。

⑪屈原已死了两千多年。

⑫已经更换了二十余个朝代。

⑬他的精神依然活在人们心中。

这种方式的训练有助于思维的连贯和表达的流畅。

(2)段落的衔接和连贯训练

段落的衔接和连贯训练除了可以借助时间词语、空间词语、表顺序的词语、关联词语等以外,还可以利用词语的重复、修辞上的设

① 案例参见徐子亮、吴仁甫:《实用对外汉语教学法》,北京大学出版社,2005,第191–192页。

问等方式。段落的衔接和连贯训练可以结合典型范文，在教师启发引导下进行阅读分析，领会各种衔接和连贯的方法；也可以让学生在习作过程中有意识地运用各种衔接和连贯的方法和技巧。

**【案例 3】**

阅读下面文章，注意段落的衔接和连贯。

### 中国的名胜古迹

说到名胜古迹，我们都知道，每个国家都有。中国的名胜古迹有自己的特点。

首先，中国的名胜古迹数量众多。因为中国很大，历史很悠久，所以保存下来的名胜古迹特别多。北京有长城、天安门、故宫，洛阳有龙门石窟、白马寺，西安有兵马俑、华清池、城楼，等等。

其次，中国的名胜古迹都有很悠久的历史。通过《旅游地理》课程的学习和每年的参观见学，我知道中国有很多名胜古迹都是几千年前修建的。中国的长城从战国开始修建；兵马俑是秦代的，那是秦始皇下令修建的，他想死了之后把那些兵马俑埋在他的陵墓里，在另一个世界里还能当皇帝。

第三，中国的名胜古迹大部分都很漂亮和迷人。参观完长城以后我觉得长城太雄伟了，很难想象古时的中国人在科学技术那么不发达的条件下是怎么修建的，我真的很佩服他们的智慧和能力。

第四，从中国的名胜古迹中可以看到前人的生活。我发现在很多名胜古迹中还保存有对联、诗歌等。这说明以前的中国人很喜欢写诗，也很浪漫。

最后，中国的名胜古迹很有文化、历史价值。无论对于中国人还是外国来说，研究各地的名胜古迹可以了解各个时代的特点，可以知道那个时代的历史，这也是很多人喜欢参观旅游的原因吧。

我认为中国人应该自豪，自己的国家有那么多名胜古迹，同时，中国人也应该有责任感，要有保护各地名胜古迹的意识，因为它们代表着中国的历史和文化。

（选自外国留学生习作选《中文写中国》第二期，作者郑德全）

这篇习作从五个方面说明了中国名胜古迹的特点，五个特点各自成段，段与段之间运用了表顺序的词语“首先、其次、第三、第四、最后”，使得文章结构清晰，段落分明，语义连贯。

### 3. 谋篇布局训练

谋篇布局是对一篇文章总的结构进行的谋划和构思，是从整体和全局出发来考虑和处理文章的各个部分。谋篇布局是写作训练的核心，因为不同的文体在谋篇布局上有不同的特点：记叙文是从时间、地点、人物，事情的起因、经过、结果方面进行谋篇布局的；议论文是从如何提出问题、分析问题、解决问题谋篇布局的；说明文通常是按照“总—分—总”来谋篇布局的。所以，谋篇布局要结合文体进行训练。

**【案例4】**[①]

#### 议论文谋篇布局训练

陈作宏老师对议论文谋篇布局的训练步骤如下：

首先，介绍议论文谋篇布局的知识——如何写好表达观点的文章。认为写表达观点或看法的文章，一般是按照提出问题、分析问题、解决问题的顺序安排文章的结构。开头应该简洁而有概括力；正文部分是文章的主体，层次要清楚，要摆事实、讲道理，要具体问题具体分析，有理有据，你的观点才能使人信服；结论部分要对全文进行总结概括，在这一部分应该再次重申你的观点。

其次，提供范文《手机的利与弊》让学生进行阅读，通过对设计问题的思考与回答让学生了解范文是如何按照提出问题、分析问

① 参见陈作宏：《体验汉语写作教程（高级1）》，高等教育出版社，2006，第107-109页。

题、解决问题的顺序进行谋篇布局。问题1(给文章确定一个合适的题目)主要训练学生归纳文章主题的能力,因为文章的主题对谋篇布局非常重要,谋篇布局一定要围绕主题进行;问题2(文章的观点是什么?)考察学生对文章提出的问题是否明白;问题3和4(作者是用什么理由来说明自己的观点的?每一段的主要内容是什么?)考察学生对文章分析问题、解决问题的方法是否明白。

第三,在范文训练的基础上,开展拓展训练。列出跟手机相关的常见问题观点(使用手机会经常接到骚扰电话或垃圾信息,不如座机好。手机对人体有辐射,对身体健康不利,不应该使用手机。手机是“遥控器”,使你随时都在别人的掌握之中,还是不用手机好。)由学生表达自己的态度,并初步说明理由、提供例证,跟同伴进行交流。

第四,通过同伴交流完善自己的观点和理由。

最后,写出提纲,谋篇布局完成。

整个训练过程通过搭建一个个脚手架,步步深入,水到渠成,学生在不知不觉中完成了谋篇布局的任务。

### 4. 各种文体的习作训练

写作课教学的目的是要提高学生的书面表达能力,这种能力最终要落实到语篇表达上。语篇跟文体有密切联系,不同文体的语篇通常呈现不同的特点,所以语篇训练要在文体中进行。文体的习作训练是一种综合训练,要在遣词造句、句群及段落的衔接和连贯、谋篇布局等训练的基础上进行,写作过程中的互评互改也是习作训练的一部分。

## 二、写作课教学的环节与方法技巧

写作课包括以下几个教学环节:组织教学、作文讲评、范文学习、课堂讲练、总结与布置作业。

### (一)组织教学

组织教学常用的方式是师生问好,也可以采用班长或者值日学生向老师报告出勤情况的方式。此教学环节的目的是吸引学生注意,调整学生状态,迅速进入课堂教学模式。

### (二)作文讲评

作文讲评是针对上次课布置的课后作文,这些作文经过教师批改以后,本次课进行综合讲评。

#### 1. 作文讲评的内容和方法

(1)内容:讲评当次作文的写作意图是否达到,总结写作中的优点,指出缺点。讲评有典型意义的习作,可以选择两种类型:第一种是整体写得较好的;第二种是在某些方面有尝试,特色明显但又存在一些错误的。

(2)方法:可以先让学生分析讨论,然后教师归纳、总结;也可以在教师指导下,学生自己分析、归纳、总结。

#### 2. 作文朗读

对写得好的作文进行朗读,可以全文朗读,也可以选择一些段落;可以由教师朗读,也可以由学生朗读。

#### 3. 作文修改

对普遍性的语言错误进行分析、修改。在教学过程中,可以选取整篇文章带领学生进行分析、修改,也可以选取带有典型错误的段落、句子进行分析、修改。需要注意的是,要结合具体情况每次有目的地解决一两个问题,不要胡子眉毛一把抓。

【案例5】[1]

## 旅行见闻

寒假的时候，我跟我的朋友去过云南的昆明、大理、丽江。（改“过”为“了”）

从北京到云南火车上大概需要40个小时。（改为“坐火车”）

我一边可怕一边想挑战。（改为“既害怕又”）

40个小时的火车上，我想起来了很多感情。（改为“往事”）

还有乱的我的心情改变干净了。（改为“我纷乱的心情变得纯净了”）

到云南的时候，那天风和日丽。所以我很开心，很幸福。（去掉“的时候，”）

听说那里是一年一直天气很暖和。（去掉“是”“一直”，在“天气”后加“都”）

我交结了一个韩国姐姐在大理。（改为“我在大理认识了一位韩国姐姐”）

我们三个人一边一起聊天儿一边吃巧克力蛋糕在雅静的烛火下。（把“在……下”放在第一个“一边”前）

大理的巧克力蛋糕真的甜蜜。（改“甜蜜”为“很甜”）

我们三个人一起去过虎跳峡。（改“去过”为“去了”）

那儿很雄豪。（改“雄豪”为“雄伟”）

我有点儿累，可是很有意义的经验。（去掉“的经验”）

旅行期间又可怕又孤单。（改“又可怕”为“既害怕”）

但是，旅行社让我提醒珍贵的日常。（改“提醒”为“记住”，改“日常”为“日子”）

---

① 案例选自亓华：《中级汉语写作课教案——游记》，《对外汉语教学示范教案》，张和生、马燕华主编，北京师范大学出版社，2009，第159-160页。

还有我会理解丰富的中国文化。(改为"能了解")

说明:此文为102年级韩国留学生的习作,文章叙述了云南旅行的见闻。这是一篇很具代表性的中介语语篇。首先是写作格式上的问题。很多日韩学生在开始学习汉语写作时都会使用这种一句一行的写作格式,此时学生的头脑中大都没有段落的概念,努力想写好每个句子,觉得一句一行排列得很清楚。汉语开头空两格、题目居中、不加书名号、句号为空心圆而非实心点等写作格式基本上还没有建立起来。其次是用词不当问题。学生一般只是按母语的意思查对汉语词典来用词,还不清楚目的语的使用条件。最后是动态助词"了""过"使用不当问题。还有语序问题,状语常常被后置等。

(三)范文学习

范文学习大致包括以下三个步骤:

**1. 阅读范文**

利用学生默读、教师领读、师生齐读等多种形式阅读范文,在阅读过程中体会文章的结构方式。阅读之前,教师要限定阅读时间。

**2. 分析理解范文**

根据范文进行师生问答,开展讨论,帮助学生理解范文的基本内容,了解范文的结构层次,分析各段之间的衔接方式,弄清范文的写作思路。

**3. 语言强化练习**

对范文中的重点词、句做适当解释,针对本课语言知识进行强化性练习。

## 【案例6】①

**《发展汉语·中级写作》(Ⅱ)第29课《给朋友的一封信》**

蔡永强老师设计以下几个步骤进行范文教学。

第一步，展示范文《给朋友的一封信》。

第二步，阅读范文回答问题。

(1)这封信是谁写给谁的？（玛丽写给汤姆的）

(2)这封信是什么时候写的？（7月7日）

(3)这封信包括几个部分？分别是什么？（六个部分，分别是对收信人的称呼、问候语、正文、祝愿的话、写信人的姓名、日期）

(4)这封信的正文部分主要写了什么内容？（先写了前段时间玛丽跟汤姆的联系情况；然后写最近玛丽的学习情况以及一年来的生活；最后说明了她选择昆明的原因。）

这四个问题的设计看似简单，实际上别具匠心。通过这些问题的回答一方面可以让学生了解此封信的大概内容，另一方面也能够提醒学生关注中文书信的结构，为下一步书信体写作知识的学习搭建了“脚手架”。

第三步，操练范文中的重点词语和结构。

(1)试试看，用“虽然……，但是……”把下面的语段改写成一个句子。

你说这半年过得很忙碌，除了读语言学专业，还在为律师资格考试做准备。但我觉得这才是真正的大学生活，我不喜欢整天懒懒散散的。

(2)试试看，用“……左右”“……而不……”“趁着……”改写下面的语段。

---

① 参见蔡永强：《发展汉语·中级写作Ⅱ》，北京语言大学出版社，2012，第143－149页。

前段时间，为了准备律师资格考试，我每天晚上差不多都是1点睡觉。说实话，和那种懒懒散散的生活相比，我更喜欢这种忙碌充实的生活。我现在还年轻，应该努力去实现自己的理想，以后工作了，可能就没有那么多时间了。

(3)试试看，把"真是一举两得"前面的内容补充完整。

______________________________真是一举两得。

(4)试试看，模仿下面的语段，用"开始时……""……以后""到现在……"说一段话。

老师很严格，开始时绝对不让我们说英语，弄得我们很难受，因为有时候想用汉语说一件事，可能会憋得满脸通红也说不出来。不过，三个月以后，我们发现不用母语也能找到合适的汉语表达。到现在，无论和中国人还是和外国人谈话，我一般都不再用英语，所以进步还是挺大的。

(5)试试看，模仿下面的句子，介绍一个地方的气候。

昆明是云南省的省会城市，年平均气温在15度左右，冬无严寒，夏无酷暑，四季如春，被称为"春城"。

(6)请根据"除了户外运动，我还对一些室内运动感兴趣"这句话，把语段①和②补充完整。

①____________________________________。

②除了户外运动，我还对一些室内运动感兴趣。____________。

总的来看，这部分对重点词语和结构的操练分为三种类型：第一种是改写，第二种是仿写，第三种是完成句子。三种操练类型的共同特点是有一定语境条件的限制，而非自由开放式操练。这种操练更符合写作课的特点。

### (四)课堂讲练

课堂讲练要紧抓"讲"和"练"，具体过程如下：

### 1. 讲解知识

引入本课写作内容，介绍语言点、格式、文体等知识。

### 2. 课堂操练

模仿范文进行实际的写作训练。课堂上的写作训练一般是成段的或者篇幅较短的文章训练。为了降低写作难度，可以开展小组讨论，先说后写，说写结合。

## 【案例 7】

**《发展汉语·中级写作》(Ⅱ)第 29 课《给朋友的一封信》**

通过案例 6 的学习，学生对书信的结构已经有了了解，课堂讲练阶段要进一步讲解归纳日常书信体的格式及相关知识并进行操练。

1. 教师 PPT 展示表格：

| |
|---|
| 对收信人的称呼： |
| 问候语 |
| 正文(与收信人做简短交流、询问对方近况、介绍自己的近况或聊聊共同关心的话题等) |
| 祝愿的话 |
| 写信人姓名 |
| 日期 |

2. 提醒学生注意书写格式及相关知识。

(1) 对收信人的称呼要顶格写。如果收信人是同学、朋友,可以直接称呼名字,也可以在名字前后加上"亲爱的……""……老友";如果收信人是老师,可以直接称呼"姓+老师"或者在其前面加上"敬爱的……"。

(2) 问候语要单独一行,前面空两格。问候语可以使用"你好!您好!你好吗?最近好吗?"等。

(3) 正文要根据表达的意思进行分段,每段段首要空两格。

(4) 祝愿的话要单独一行,前面空两格。祝愿的话有很多,比如"祝学习进步!祝工作顺利!祝生活愉快!祝全家幸福!祝健康平安!祝心想事成!"等,可以根据情况选择。

(5) 写信人姓名要单独一行,写在右下角。

(6) 日期也要单独一行,写在右下角"写信人姓名"下面。

3. 小组活动:两人一组,互相说一说你的学校生活,并写一写。(可以尝试使用范文《给朋友的一封信》中的重点词语或结构)

### (五) 总结与布置作业

总结主要是讲评学生课堂表现并对本次课学习的重点和难点进行总结,以便学生课后复习和练习。写作课课后作业包括三个方面:一是围绕本次课教学内容进行补充练习,侧重语言方面。二是模仿范文写一篇作文,题目可以是教师命题,也可以由学生自己命题。例如,学习完范文《给朋友的一封信》,教师可以布置类似题目:给老师的一封信、给同学的一封信、给朋友的一封信、给______的一封信。布置作文题时,一定要说明写作要求。例如,字数多少,选用哪些词语和句式等。三是预习下次课将要学习的内容。

## 三、写作课教学应注意的问题

### (一)把握书面语学习与写作技能,培养二者的平衡

中文作为第二语言的写作课教学跟中文作为母语的写作课教学有所不同。前者的教学目标包括两个方面:一是书面语的学习与操练,二是写作过程中的策略与技能培养,两个方面缺一不可。在教学过程中,教师要把握两个方面的平衡,既要关注中文学习,又要重视中文运用。

### (二)输入与输出相结合

写作是书面表达,属于语言输出范畴。但是,要想达到高水平的输出,也必须有足够的、高质量的输入。写作课课堂教学主要提供两种形式的输入,一种是教师讲授知识;另一种是通过范文学习达到知识输入目的。不管是哪种形式的输入都要设计一定量的练习与活动,在运用中巩固知识,进一步把知识转化成能力。

### (三)长短结合,课上课下相结合

"长"指的是较长的成篇的文章,"短"指的是构成语篇的语段练习。由于课堂教学时间有限,"短"的练习可以要求学生在课堂上完成,"长"的作文在课下完成。为了保证质量,"长"的作文不要太多,每学期 5 ~6 篇为宜。

### (四)教师的作文批改在课下完成

如果时间允许,可以采用一对一面批。批改时要注意:第一,首先通读全篇,然后逐句斟酌、修改。第二,遵循因势利导原则。既要考虑学生的思想状况和中文水平,又要坚持思想方面从宽,语言方

面从严的原则。第三,批语要具体,切中要害。可以采用旁批和总评语两种形式。总评语不必求全,每篇文章强调一两点即可。

## 四、案例学习与研讨[①]

### 《发展汉语·中级写作》(Ⅰ)第6课《我的恋爱史》

(一)第5课《我的故乡》作文讲评

**1. 根据学生习作,教师进行讲评**

(1)这次作业完成得怎么样?

(2)总体上有哪些进步?

(3)还有哪些共同的问题?

**2. 优佳表达**

一起分享学生作文中的精彩语句。内容以句子、语段为主,兼顾词语表达;形式以集中展示为主,作者本人朗读、同学们一起学习;要求学生将这些用词恰当、表达地道的语句,以及一些有用的常用词语、连接成分记录下来。

优秀段落展示:

(1)为了上学,我离开了金沙萨,到了中国。虽然我也很喜欢中国的生活,但是我更喜欢金沙萨,尤其是刚果河。

(2)我们的国家跟中国的区别很大。拿我的故乡来说,它只有雨季和旱季。雨季比较暖和,天天都会下一两个小时的雨。旱季比雨季冷一点。不少人喜欢趁那段时间去我的故乡的海边晒太阳。

(3)利伯维尔也有几个非常美丽的旅游景点,尤其是沙采石场最有名。那儿的风景很不错,不少游客去那里旅游,呼吸又新鲜又

① 本案例由西晶老师提供。

干净的空气。

(4)我的故乡有很多农民，主要农作物是水稻。我的故乡也是缅甸主要水稻种植区，所以我为自己是故乡的一员感到骄傲。

(5)雨季的时候我的家乡到处都是泥，天气会冷一些，可是不会那么冷；到了旱季的时候，我的家乡变得很干，天气热得很，我和一些老乡经常会去河里游一会儿泳，因为涅方是一个一面靠河的城市。

(6)因为涅方是一个很小的城市，所以很少会堵车，大家都是走路去走路来，路上十分安全。城市里边的大多数人都是青年人，这意味着我的故乡是个很轻快的城市。

(7)冬天下雪的时候，到处都是白色的。早上起床以后，我先去看外面的雪——路上的雪、山上的雪、树上的雪，看完以后我感觉像重生了一样，舒服极了。

(8)即使当了军人以后，不在我的家乡了，但在我的生命尽头我一定要回到那儿生活，因为那里的环境、自然风景、老百姓对我来说比哪儿都好。

### 3. 偏误分析

偏误分析是作文讲评的重点。教师从学生作文中挑选出包括词汇、语法、文化等典型的偏误，集体展示，师生一起分析、改正。

典型语法偏误：

(1)定语放在中心语的后边。例如：

在我的故乡每一年有一些活动为人民谋幸福。

很多观众来自四面八方参加这些活动。

旁边有度假村，还有很多小店卖本地菜、饮料、果汁儿等。

(2)分句主语省略不当。例如：

她真漂亮，眼睛又大又有神，(腿)又直又长，(皮肤)又白又嫩。

万荣是我的家乡，(我)从小到大就在那个地方生活。

我喜欢我的故乡，(故乡)不仅很美，而且有很多有意思的故事。

**4. 学习心得**

通过这次作文和作文评改,你有哪些心得体会?针对这一问题适当进行讨论。在学生完成“学习心得”的过程中,教师根据作文讲评情况对个别学生进行指导。对学生的作文进行表扬,鼓励学生继续努力。

(二)导入新课

通过提问引导学生回忆自己的恋爱经历,引出本课《我的恋爱史》。

问题:

(1)你谈过恋爱吗?

(2)你谈过几次恋爱?

(3)请简单介绍一下你的恋爱经历。

(三)范文阅读与感悟

**1. 默读范文**

引导学生快速默读一遍范文,思考“我”有多少次恋爱。

**2. 朗读范文**

指定学生分段朗读范文,然后教师领读,扫清字词障碍。

**3. 答疑**

对学生不明白的词语、句子进行简单解释或说明。

(四)解读范文《我的恋爱史》并回答相应问题

**1. 解读范文**

解读范文,教师引导学生从范文中查找9个问题的答案。

**2. 回答问题**

以提问的方式,引导学生集体回答。

(1)找出描写“我”年龄的句子。(第二段、第三段和第四段的第一句话。)

(2)“我”什么时候开始和第一个男生在一起?(我问我喜欢的那个男生他……从那一天开始,我们经常出去玩儿。)

(3)“我”为什么和第一个男生见面的机会越来越少了?(上中学以后,我们去了不同的学校。)

(4)“我”第二次恋爱是什么时候?(十四五岁。)

(5)找出描写“我”见到第二个男生时的心情的语句。(我觉得……很帅,笑着看他。……有点儿害羞……)

(6)找出描写“我”与第二个男生见面情况的语句。(我们见面后都很害羞。)

(7)找出“我”评价第三个男生的语句。(我们班有一个男生很少说话,但是一说话就很幽默。)

(8)找出文中描写时间的语句。(……时　十一岁　从那一天开始　上中学后　后来　十四五岁　过了几天　不久　十八岁的时候　半年以后　现在)

(9)文章最后一段的主要意思是什么?(我谈恋爱,只选择我喜欢的人,不会选择喜欢我的人。)

### (五)思考并概括范文的写作思路

由教师引导学生再次阅读范文,重点关注“我”的三次恋爱经历,概括文章写作思路。

《我的恋爱史》写作思路:

第一次:小学“谈恋爱”,但中学分手;

第二次:十四五岁谈恋爱,但后来失败;

第三次:十八岁的恋爱一直谈到现在;

最后写:“我”选择恋爱对象的标准。

### （六）熟悉范文中的表达范例

通过讲解范文中重要的表达范例让学生掌握“于是”“V. +不住”“才”“没有……比……更……”“而”的语法和语用功能。

#### 1. 于是

紧接上件事情之后，并由于上件事而出现某种结果，相当于“所以，就”。

自行车坏了，于是我只能推着它向前走。

上课时间快到了，于是我就跑步去教室。

练习：完成句子。

（1）付钱的时候，我突然发现口袋里没有钱，于是________________。

（2）十月，秋高气爽，于是________________。

（3）我和我的丈夫是在一次酒会上认识的。那时由于我不小心，把酒弄了他一身。他不但没有生气，反而连连对我说“对不起”。于是________________。

#### 2. V. +不住

忍不住　　控制不住　　拿不住　　坐不住

虽然我很生气，可是又非常想他，最后，终于忍不住给他打了一个电话。

他终于控制不住自己，和那个人大吵了一架。

#### 3. 时间词+才

表示时间很晚，或者时间很长。

怎么这么晚才来啊？我都等你半天了。

我在网上买了一本书，等了十天才收到。

#### 4. 没有……比……更……

我们班，没有人比他更爱说话了。（=我们班，他最爱说话。）

没有什么语言比汉语更有意思了。(=汉语最有意思。)

练习:请用“没有……比……更……”改写下面的句子。

(1)这朵花最鲜艳。

(2)我最想念故乡。

(3)他是我第一个真正的男朋友,我也是他第一个真正的女朋友。我觉得我们是世界上最幸福的人。

**5. 而**

连接语意相反的成分,表示转折。

别的同学都在教室上课,而你却在宿舍睡觉。

如果你认错态度好,我可以原谅你。而如果你死不认错,我也就不客气了。

### (七)布置作业

**1. 思考题**

怎么把你的个人经历介绍给别人,让别人看了或者听了你的介绍以后也感同身受,仿佛经历过你的经历?仿照范文写作思路,写出提纲,为下次课做好铺垫。

**2. 作业题**

使用本课所学重点表达造句。

## 思考与讨论

1. 不同教师对写作课的教学观点不同:有的老师认为提供范文是对学生写作表达的束缚,在写作中不应该规定某些词汇、固定表达和语法;有的老师认为写作课不应该限定题目,应该让学生根据自己的兴趣选择;还有的老师认为在电脑上写作有利于学生反复修改作文。请谈谈你的看法。

2. 阅读下面一段话[①]，谈谈你的看法。

将微博、微信等新媒体技术作为写作教学的辅助。写作能力的提高是一个长期过程，需要坚持不懈地练习。教师应该鼓励学生在日常生活中养成用汉语写作的习惯。在微博、微信成为语言表达平台的同时，写作教学也应该与时俱进，引导学生在这些平台上训练书面语表达，如在微博、微信上记录自己今天的情况、心情、所感所悟等，教师可根据实际情况进行评论、转发和修改。除了鼓励学生进行随意性写作外，教师还可以布置写作任务，如向班里学生转发一条微博，要求他们对该条微博发表评论和看法。

3. 下面是一位留学生的作文，如果你是老师，怎么进行批改？怎么写评语？

**我和汉语**

我和汉语第一次接触，就是在成龙的一部电影里。电影的声音是法语的，字幕是汉语的。当时，好奇的我很想知道这些奇奇怪怪的“东西”是什么。我哥哥告诉我是汉字，也告诉我是世界是最难写的语言之一，因为汉字特别复杂。然而，说汉语格外简单。殊不知，自那天开始，想学习汉语的那颗“小种子”已经开始生根发芽。

2017 年我有了手机就下载了一个学习汉语的 APP，开始自学。自学的过程中，我发现说汉语没有我哥哥说得那么简单，汉字也不好记住，我只好自学一些生活中的基本句子和词语。当时，我也有去法国巴黎的一所非常有名的大学学习经济学的梦想。中学三年级，我一直在努力，我如愿以偿顺利通过了考试。两个星期以后，我的高考成绩出来了，我高分通过了，获得了三个相当不错学习的机会：第一是去法国的另一所学校学习政治学，第二是去德国学习计算机，第三是去中国学习中文。考虑到我是怎么努力为了通过巴黎

① 参见王光远：《关于对外汉语写作课教学方法与策略的思考》，载于《对外汉语读写课课堂教学研究》，崔希亮主编，北京语言大学出版社，2015，第 189 页。

大学的考试,我觉得没什么两难处境,就想拒绝这三个奖学金。

那天,我父亲给了我一个永忘不了的建议:做人生大事时,一定要平静下来,再考虑本来的愿望、能力,以及兴趣,千万不要因为一时冲动而后悔。我听从了他的话。我想起来了我想学习汉语的梦想。汉语那么难学,能懂复杂的汉字比懂大家能懂的经济还要光荣,而且本科毕业后,我还会有机会读经济学硕士,不就是两个才干吗?我毅然选择了来中国。

来中国以后,刚开始学习汉语,我遇到了不少发音的问题。老师们的帮助与鼓舞下,我的汉语水平提高了。现在我带着一股不服输的冲劲学习汉语,未来为我国与中国的友谊作出贡献。

# 参考文献


[1]北京语言大学对外汉语教材研发中心. 首届"北语社杯"对外汉语教学资源大赛优秀作品选[C]. 北京:北京语言大学出版社,2014.

[2]别红缨,黄柏林,王蕾. 国际汉语教学汉字教学方法与技巧[M]. 北京:北京语言大学出版社,2015.

[3]蔡永强. 发展汉语·中级写作Ⅱ[M]. 北京:北京语言大学出版社,2012.

[4]陈田顺. 对外汉语教学中高级阶段课程规范[C]. 北京:北京语言大学出版社,1999.

[5]陈亚男. 孔子学院零基础班级语音练习的模块组装模式研究:以罗马大学孔子学院初级 A 班为例[D]. 北京外国语大学硕士学位论文,2014.

[6]陈作宏. 体验汉语写作教程(高级 1)[M]. 北京:高等教育出版社,2006.

[7]崔希亮. 对外汉语读写课课堂教学研究[C]. 北京:北京语言大学出版社,2015.

[8]崔希亮. 对外汉语读写课优秀教案集[C]. 北京:北京语言大学出版社,2016.

[9]崔希亮. 对外汉语听说课课堂教学研究[C]. 北京:北京语言大学出版社,2011.

[10]崔希亮. 对外汉语听说课优秀教案集[C]. 北京:北京语言大学出版社,2011.

[11]崔希亮. 对外汉语综合课课堂教学研究[C]. 北京:北京语言大学出版社,2010.

[12]崔希亮. 对外汉语综合课优秀教案集[C]. 北京:北京语言大学出版社,2010.

[13]董菁. 入门声调指导[C]//孔子学院总部/国家汉办. 国际汉语教学优秀课例集1. 北京:北京语言大学出版社,2015.

[14]高立群,孟凌. 外国留学生汉语阅读中音、形信息对汉字辨认的影响[J]. 世界汉语教学,2000(4):67-76.

[15]国际汉语课堂教学研究课题组. 国际汉语课堂教学参考案例[M]. 北京:北京语言大学出版社,2016.

[16]姜丽萍,赵秀娟,吴春仙. 国际汉语综合课教学方法与技巧[M]. 北京:北京语言大学出版社,2014.

[17]教育部中外语言交流合作中心. 国际中文教育中文水平等级标准[M]. 北京:北京语言大学出版社,2021.

[18]孔子学院总部/国家汉办. 国际汉语教师经典案例详解[M]. 北京:人民教育出版社,2018.

[19]孔子学院总部/国家汉办. 国际汉语教学优秀课例集2[C]. 北京:北京语言大学出版社,2015.

[20]李泉. 汉语综合课的性质和特点探讨[J]. 海外华文教育,2010(3):7-14.

[21]李大遂. 简论偏旁和偏旁教学[J]. 暨南大学华文学院学报,2002(1):27-33.

[22]李先银,吕艳辉,魏耕耘. 国际汉语教学词汇教学方法与技巧[M]. 北京:北京语言大学出版社,2015.

[23]刘颂浩. 汉语阅读教学研究[M]. 北京:北京语言大学出版社,2016.

[24]鲁健骥. 初级汉语课本[M]. 北京:北京语言大学出版社,2003.

[25]鲁健骥. 对外汉语语音教学几个基本问题的再认识[J]. 大理学院学报,2010(5):1-4.

[26]罗青松. 对外汉语写作教学研究[M]. 北京:中国社会科学出版社,2002.

[27]马燕华. 中级汉语水平留学生听力跳跃障碍的实现条件[J]. 北京大学学报(哲学社会科学版),1999(5):125-130.

[28]邱军. 成功之路[M]. 北京:北京语言大学出版社,2008.

[29]宋海燕. 国际汉语教师语音教学手册[M]. 北京:高等教育出版社,2015.

[30]王珊. 汉字识读和阅读课在对日本留学生汉语言培训中的作用和意义[J]. 外语教学,2001(2):78-81.

[31]王淑红. 高级口语 I [M]. 北京:北京语言大学出版社,2011.

[32]王秀荣. 国际汉语教师汉字教学手册[M]. 北京:高等教育出版社,2017.

[33]吴方敏. 从对外汉语调查采访类交际任务看语言能力的培养[J]. 文化创新比较研究,2018(20):63-65.

[34]吴勇毅. 对外汉语教学法[M]. 北京:商务印书馆,2012.

[35]吴中伟. 汉语作为第二语言教学[M]. 北京:外语教学与研究出版社,2014.

[36]肖倩. 角色扮演活动在对外汉语教学中的应用研究[D]. 上海:华东师范大学硕士学位论文,2011.

[37]徐子亮,吴仁甫. 实用对外汉语教学法[M]. 北京:北京大学出版社,2005.

[38]杨琦. 基于课堂教学视频的初级汉语听力课生词教学研究[D]. 广州:中山大学硕士学位论文,2014.

[39]杨惠元. 汉语技能教学法[M]. 北京:北京语言大学出版社,2009.

[40]杨惠元. 综合课教学要处理好的十个重要关系[J]. 语言教学与研究,2010(6):24-30.

[41]杨玉玲. 国际汉语教师语法教学手册[M]. 北京:高等教育出

版社,2011.

[42]张和生,马燕华.对外汉语教学示范教案[C].北京:北京师范大学出版社,2009.

[43]张秀红."基于信息交流"的对外汉语初级综合课词汇教学模式探索[J].云梦学刊,2014(1):135-138.

[44]周健.汉语课堂教学技巧325例[M].北京:商务印书馆,2009.

[45]周小兵.对外汉语教学入门[M].广州:中山大学出版社,2009.

[46]周亚芬.对外汉语初级综合课课文导入方法与教学设计[D].开封:河南大学硕士学位论文,2016.

[47]朱勇.国际汉语教学案例与分析(修订版)[M].北京:高等教育出版社,2015.

[48]朱文文,苏英霞,郭晓麟,等.国际汉语教学语法教学方法与技巧[M].北京:北京语言大学出版社,2015.